W0041772

Textanalyse und Interpretation zu

Ray Bradbury

FAHRENHEIT 451

Sabine Hasenbach

Alle erforderlichen Infos zur Analyse

Zitierte Ausgabe:
Bradbury, Ray: *Fahrenheit 451*. Zürich: Diogenes, vollständig überarbeitete
Neuausgabe 2008.

Über die Autorin dieser Erläuterung:
Sabine Hasenbach hat Mineralogie (mit den Nebenfächern Mathematik, Physik
und Chemie) an den Universitäten Köln und Bonn sowie Literaturwissenschaft
(mit den Nebenfächern Psychologie und Soziologie) an der FernUniversität
in Hagen studiert, wo sie mit einer Arbeit über Katherine Mansfield graduiert
worden ist. Sie wohnt in Düsseldorf und arbeitet an der dortigen Heinrich-Heine-
Universität. In ihrer Freizeit läuft sie Langstrecke.

2. Auflage 2019
ISBN: 978-3-8044-3135-5
PDF: 978-3-8044-5135-3, EPUB: 978-3-8044-4135-4
© 2018 by Bange Verlag GmbH, 96142 Hollfeld
Alle Rechte vorbehalten!
Titelabbildung: Oskar Werner als Guy Montag, Julie Christie als Clarisse/Linda
Montag in der Verfilmung von 1966
© picture alliance/Everett Collection
Druck und Weiterverarbeitung: Tiskárna Akcent, Vimperk

1. **DAS WICHTIGSTE AUF EINEN BLICK –**   6
   SCHNELLÜBERSICHT

2. **RAY BRADBURY: LEBEN UND WERK**   9

   2.1 **Biografie** ——————————————— 9
   2.2 **Zeitgeschichtlicher Hintergrund** ————— 13
       Ost-West-Konflikt ————————— 13
       Korea-Krieg (1950–1953) ——————— 14
       McCarthyismus ———————————— 17
       Gesellschaftskritische Publikationen zu Beginn
         der 1950er-Jahre (USA) —————— 20
   2.3 **Angaben und Erläuterungen zu**
       wesentlichen Werken ——————— 21

3. **TEXTANALYSE UND -INTERPRETATION**   25

   3.1 **Entstehung und Quellen** ——————— 25
   3.2 **Inhaltsangabe** ———————————— 29
       Erster Teil – *Häuslicher Herd und Salamander* —— 31
       Zweiter Teil – *Das Sieb und der Sand* ————— 39
       Dritter Teil – *Helles Feuer* ————————— 45
   3.3 **Aufbau** ——————————————— 51
   3.4 **Personenkonstellation und Charakteristiken** —— 55
       Guy Montag ———————————— 56
       Hauptmann Beatty ————————— 60
       Mildred Montag ———————————— 63
       Clarisse McClellan ————————— 66
       Professor Faber ———————————— 68

Granger _____ 70

Alte Frau _____ 72

Mrs. Bowles _____ 73

Mrs. Phelps _____ 74

Der Mechanische Hund _____ 75

3.5 **Sachliche und sprachliche Erläuterungen** _____ 78

3.6 **Stil und Sprache** _____ 84

Erzählersprache _____ 84

Figurensprache _____ 87

Erzählform und Erzählverhalten _____ 88

Themen und Motive _____ 90

Intertextualität _____ 96

Stilmittel _____ 98

3.7 **Interpretationsansätze** _____ 100

Porträt eines inhumanen Staates _____ 100

Fahrenheit 451 als Roman über Literatur _____ 103

4. **REZEPTIONSGESCHICHTE** 106

Der Roman in der Kritik _____ 106

Der Roman in der deutschen Literaturwissenschaft _____ 107

Theater, Film und Hörbuch _____ 108

Fahrenheit 451 im 21. Jahrhundert _____ 110

5. **MATERIALIEN** 111

Utopie und Dystopie _____ 111

Zensur und Bücherverbrennung _____ 113

Dover Beach von Matthew Arnold _____ 116

6. PRÜFUNGSAUFGABEN 118
   MIT MUSTERLÖSUNGEN

LITERATUR 129

STICHWORTVERZEICHNIS 132

1. DAS WICHTIGSTE AUF EINEN BLICK – SCHNELLÜBERSICHT

Damit sich jeder Leser in unserem Band rasch zurechtfindet und das für ihn Interessante gleich entdeckt, hier eine Übersicht.

Im 2. Kapitel beschreiben wir **das Leben von Ray Bradbury** und stellen den **zeitgeschichtlichen Hintergrund** dar:

⇨ S. 9 → Ray Bradbury wurde 1920 in Waukegan/Illinois (USA) geboren und starb 2012 in Los Angeles/Kalifornien (USA).

⇨ S. 13 → Der für den Roman relevante zeitgeschichtliche Hintergrund ist der Ost-West-Konflikt, der Korea-Krieg und der McCarthyismus in den USA.

⇨ S. 21 → *Fahrenheit 451* ist 1953 erschienen. Der Roman, der als Dystopie gesehen wird, bedeutete für Bradbury den schriftstellerischen Durchbruch.

Im 3. Kapitel bieten wir eine **Textanalyse und -interpretation**.

Fahrenheit 451 – Entstehung und Quellen:

⇨ S. 25 Zu *Fahrenheit 451* inspiriert wurde Bradbury durch
→ historische Bücherverbrennungen,
→ Anklage seiner Vorfahrin Mary Bradbury als Hexe (Salem 1680),
→ Interesse an der römischen, griechischen und ägyptischen Mythologie.
1953: Bradbury schreibt *Fahrenheit 451* auf der Grundlage seiner 1951 erschienenen Kurzgeschichte *The Fireman*.
1953: *Fahrenheit 451* erscheint bei *Ballantine Books*, New York.

Inhalt:

Fahrenheit 451 spielt in einer totalitär ausgerichteten Zukunftsgesellschaft in den USA. Ein bombastisches TV-Programm und das Verbot von Büchern haben die Menschen verdummt: In ihrer Freizeit jagen sie mit Turbo-Autos Menschen und Tiere und lassen der Zerstörungswut freien Lauf. Die Feuerwehr, bei der Guy Montag arbeitet, ist für die Vernichtung von Büchern zuständig. Montag stellt nach einigen Schlüsselerlebnissen sein Leben und den Staat endgültig in Frage und bricht mit allem: Er sucht Hilfe bei Professor Faber und tötet schließlich den staatstreuen, aber dennoch literaturversierten Vorgesetzen Hauptmann Beatty. Montag flüchtet aus der Stadt und schließt sich einer Gruppe Intellektueller um Granger an, die ethische Werte auf der Grundlage abendländischer Literatur bewahren und nach dem Krieg restituieren wollen. Die Gruppe sieht, wie die Stadt im Krieg zerstört wird, und macht sich auf den Weg zurück.

⇨ S. 29

Aufbau, Chronologie und Schauplätze:

Fahrenheit 451 besteht aus drei Kapiteln:
Erster Teil: *Häuslicher Herd und Salamander*
Zweiter Teil: *Das Sieb und der Sand*
Dritter Teil: *Helles Feuer*
Die drei Teile sind durch einen Spannungsbogen miteinander verknüpft. Schauplatz des chronologisch erzählten Romans ist eine unbenannte amerikanische Stadt in der Zukunft (Dystopie).

⇨ S. 51

Hauptpersonen:

Guy Montag
→ Feuerwehrmann, der Bücher verbrennt
→ wendet sich der Literatur zu
→ stellt sich gegen das totalitäre System

⇨ S. 56

⇨ S. 60   **Hauptmann Beatty**
→ Vorgesetzter Montags, Vertreter des Systems
→ verachtet die Literatur und ist dabei sehr belesen
→ wird von Montag getötet

⇨ S. 63   **Mildred Montag**
→ Ehefrau von Guy Montag
→ TV- und tablettenabhängig
→ emotional degeneriert

⇨ S. 66   **Clarisse McClellan**
→ intelligentes junges Mädchen
→ inspiriert Guy Montag
→ wird getötet

⇨ S. 68   **Professor Faber**
→ Literaturwissenschaftler
→ unterstützt die Ambitionen Montags und verhilft ihm zur Flucht

⇨ S. 70   Auch **die weiteren Personen** werden ausführlich dargestellt.

Stil und Sprache:

⇨ S. 84   Bradbury verwendet zahlreiche Adjektive und Symbole. Neben
einer individuell geprägten Figurensprache und wechselndem
Erzählverhalten finden sich zahlreiche Motive und ihre Wiederholungen.

Folgende Interpretationsansätze bieten sich an:

⇨ S. 100   → *Fahrenheit 451* als Porträt eines totalitären/inhumanen Staates
⇨ S. 103   → *Fahrenheit 451* als Roman über Literatur

2. RAY BRADBURY: LEBEN UND WERK[1]

2.1 Biografie

JAHR	ORT	EREIGNIS	ALTER
1920	Waukegan/ Illinois (USA)	Ray(mond Douglas) Bradbury wird am 22. August als dritter Sohn der Eheleute Esther Marie Moberg und Leonard Spaulding Bradbury geboren.	
1926	Tucson/ Arizona	Umzug der Bradburys.	6
1927	Waukegan/ Illinois	Rückkehr nach Waukegan.	7
1931	Waukegan/ Illinois	Erste eigene Geschichten.	11
1932	Tucson/ Arizona	Die Familie zieht wieder nach Tucson.	12
1933	Waukegan/ Illinois	Rückkehr nach Waukegan.	13
1934	Los Angeles/ Kalifornien	Die Bradburys ziehen an die Westküste nach Los Angeles.	14
1937	Los Angeles/ Kalifornien	Mitgliedschaft in der *Los Angeles Science Fiction League*.	17
1938	Los Angeles/ Kalifornien	Abschluss an der Los Angeles High School.	18
1938– 1942	Los Angeles/ Kalifornien	Bradbury lebt vom Straßenverkauf von Tageszeitungen. Abends geht er zum Selbststudium in die Bibliothek der UCLA[2].	22

Ray Bradbury
(1920–2012)
© Picture alliance/
Photoshot

---

1 Bradbury verfasste zahlreiche Dramen, Lyrik und Kurzgeschichten. Hier beschränken wir uns auf die wichtigsten Romane mit Angabe des Jahres der amerikanischen Erstveröffentlichung. Von seinen Arbeiten für das TV sind hier ebenfalls nur die wichtigsten aufgeführt. Bradbury ist mit zahlreichen Preisen ausgezeichnet worden, ihre komplette Aufzählung würde den Rahmen dieser biografischen Übersicht sprengen.
2 UCLA: University of California.

2.1 Biografie

JAHR	ORT	EREIGNIS	ALTER
1943	Los Angeles/ Kalifornien	Er beschließt, Schriftsteller zu werden.	23
1945	Mexiko	Reise durch Mexiko, um indianische Masken für das Los Angeles County Museum zu beschaffen.	25
1946	Los Angeles/ Kalifornien	Bradbury lernt Marguerite „Maggie" McClure kennen.	26
1947	Los Angeles/ Kalifornien	Ray Bradbury und Marguerite McClure heiraten am 27. September in der *Church of the Good Shepherd*. *Dark Carnival*, Bradburys erste Sammlung von Kurzgeschichten, erscheint.	27
1949	Los Angeles/ Kalifornien	Geburt der Tochter Susan.	29
1950	New York	*The Martian Chronicles* erscheint (dt. *Die Mars-Chroniken*).	30
1951	Los Angeles/ Kalifornien New York	Geburt der Tochter Ramona. *The Illustrated Man* wird veröffentlicht.	31
1953	New York Irland	**Fahrenheit 451 erscheint.** Bradbury schreibt das Drehbuch zu dem Film *Moby Dick*.	33
1954		Bradbury wird für *Fahrenheit 451* mit dem *Hugo Award* geehrt.	34
1955	Los Angeles/ Kalifornien	Geburt der Tochter Bettina. Publikation von *Switch On the Night*.	35
1957	New York	Der Roman *Dandelion Wine* erscheint.	37
1958	Los Angeles/ Kalifornien	Geburt der vierten Tochter Alexandra.	38

2.1 Biografie

JAHR	ORT	EREIGNIS	ALTER
1962	New York	Publikation von *Something Wicked This Way Comes* (dt. *Das Böse kommt auf leisen Sohlen*). Bradbury schreibt das Drehbuch zu dem Animationsfilm *Icarus Montgolfier Wright* auf der Grundlage seiner gleichnamigen Kurzgeschichte. 1963 wird der Film für einen Oscar nominiert.	42
1964	New York	Berater bei der Gestaltung des amerikanischen Pavillons zur Weltausstellung in New York.	44
1966	Groß-britannien	**Verfilmung von *Fahrenheit 451* durch François Truffaut mit Oskar Werner und Julie Christie.**	46
1972	New York	Publikation von *The Halloween Tree*.	52
1977		Bradbury wird mit dem *World Fantasy Award* für sein Lebenswerk ausgezeichnet.	57
1982	Orlando/Florida Los Angeles und San Diego/Kalifornien	Berater beim Design des Spaceship Earth im EPCOT Center der Walt Disney World. Berater städtischer Ausschüsse zur Stadtplanung sowie bei der Konzeption von Einkaufs- und Unterhaltungszentren wie die *Glendale Galleria* in Los Angeles oder des *Horton Plaza* in San Diego.	62
1985	New York	*Death is a Lonely Business* erscheint.	65
1985–1992		Bradbury konzipiert mit *Ray Bradbury Theatre* eine eigene Fernsehserie, in der er den Zuschauern einige seiner Geschichten vorstellt.	65–72
1988/1989		Bradbury erhält den *Bram Stoker Award* für sein Lebenswerk. Außerdem wird er mit dem *Grand Master Award* der *Science Fiction and Fantasy Writers of America* ausgezeichnet.	68/69
1990	New York	*A Graveyard For Lunatics* erscheint.	70

2.1   Biografie

JAHR	ORT	EREIGNIS	ALTER
1992	New York	*Green Shadows, White Whale* erscheint. Bradbury schreibt das Drehbuch zu dem Animationsfilm *The Halloween Tree* nach seinem gleichnamigen Roman von 1972. Der Film bekommt 1994 einen Emmy.	72
1998	New York	*Ahmed and the Oblivion Machines* erscheint.	78
1999	Seattle	Bradbury wird in die Science Fiction Hall of Fame aufgenommen.	79
2000	New York	Ein Asteroid wird nach Bradbury benannt: „(9766) Bradbury". Bradbury wird mit der National Book Foundation Medal geehrt.	80
2001	New York	Publikation von *From the Dust Returned: A Family Remembrance.*	81
2002	New York Los Angeles/ Kalifornien	*Let's All Kill Constance* erscheint. Bradbury wird mit einem Stern auf dem *Hollywood Walk of Fame* geehrt.	82
2003	Los Angeles/ Kalifornien	Marguerite Bradbury stirbt. **Die überarbeitete Neuausgabe von *Fahrenheit 451* erscheint.**	83
2007	New York	Im Rahmen der Pulitzer-Preis-Verleihung wird Bradbury für sein Lebenswerk geehrt.	87
2012	Los Angeles/ Kalifornien	Ray Bradbury stirbt am 5. Juni nach längerer Krankheit.	91
2017	New York	**Neuverfilmung von *Fahrenheit 451* unter der Regie von Ramin Bahrani.**	

2.2 Zeitgeschichtlicher Hintergrund

ZUSAMMEN-FASSUNG

Der zeitgeschichtliche Hintergrund von Bradburys Dystopie ist der nach dem 2. Weltkrieg beginnende Ost-West-Konflikt mit der atomaren Aufrüstung, der Korea-Krieg (1950–1953) sowie der McCarthyismus (1950–1954).

Ost-West-Konflikt

Zeitgeschichtlicher Hintergrund, in den *Fahrenheit 451* einzuordnen ist, ist die als Ost-West-Konflikt bezeichnete Konfrontation zwischen der Sowjetunion und der USA **nach dem Ende des 2. Weltkriegs**, die bald in den sogenannten **Kalten Krieg** mündete.

Konfrontation USA vs. UdSSR

Seit 1945 war die USA im Besitz des Atommonopols, aus dem sie u. a. eine weltpolitische Führungsrolle ableitete. Gleichzeitig kam es der unterschiedlichen Staatsideologien wegen zu einer **Blockbildung** mit den westlichen demokratisch-kapitalistischen Staaten unter Führung der **USA** auf der einen Seite und dem kommunistisch-sozialistischen Osten unter Führung der **Sowjetunion** (UdSSR) auf der anderen Seite.

1947 formulierte der zu dieser Zeit amtierende amerikanische Präsident **Harry S. Truman** die nach ihm benannte Doktrin[3], die ein Eingreifen der USA bei Unterwanderung europäischer Staaten durch die Sowjetunion vorsah. Damit kündigte Truman nicht nur eine Einmischung in europäische Angelegenheiten an, sondern **verschärfte die konfrontative politische Situation zwischen beiden Blöcken**. In diesem Zusammenhang ist es wichtig zu wissen, dass Truman die Atombombenabwürfe auf Hiroshima und Nagasaki zu

Kalter Krieg und Kernwaffentests

---

3   http://www.geschichte-abitur.de/lexikon/uebersicht-kalter-krieg/truman-doktrin

2.2   Zeitgeschichtlicher Hintergrund

verantworten hat und nach Kriegsende Kernwaffentests anordnete. 1946 zündeten die USA auf dem im Pazifik gelegenen Bikini-Atoll eine Atombombe und leiteten damit den Kalten Krieg ein, der mit einem **atomaren Wettrüsten** einherging. Ebenfalls 1946 präsentierten die USA den Baruch-Plan, der die Kontrolle sämtlicher nukleartechnischer Prozesse durch die Atomenergiekommission der 1945 gegründeten Vereinten Nationen vorsah. Joseph Stalin, seinerzeit Führer der Sowjetunion, lehnte diesen Plan ab und ließ weiter an einer sowjetischen Atombombe arbeiten. 1949 schließlich konnte die Sowjetunion einen erfolgreichen Atomwaffentest durchführen und damit das **Atommonopol der Amerikaner aufheben**. Im selben Jahr kam es in Washington zur Gründung der NATO (*North Atlantic Treaty Organization*) durch die Staaten USA, Kanada, Belgien, Dänemark, Frankreich, Großbritannien, Island, Italien, Luxemburg, Niederlande, Norwegen und Portugal mit dem Ziel der Erhaltung der Demokratie durch kollektive Verteidigung sowie der politischen und wirtschaftlichen Zusammenarbeit.[4]

Aufhebung des Atommonopols durch die UdSSR

Gründung der NATO

Das atomare Wettrüsten wurde fortgesetzt. 1952 zündeten die USA als vorläufigen Höhepunkt der kernwaffentechnischen Entwicklung auf Eniwetok/Pazifik die erste Wasserstoffbombe („Ivy-Mike"), 1961 zog die Sowjetunion mit der Zündung der „Zar"-Wasserstoffbombe auf der Insel Nowaja Semlja nach.

Korea-Krieg (1950–1953)

Einen direkten Krieg zwischen den USA und der UdSSR gab es nicht, wohl aber **Stellvertreterkriege**, so den Korea-Krieg von 1950–1953. Das vormals japanische Korea war nach dem 2. Welt-

---

4   Als Reaktion auf die 1955 erfolgte Aufnahme der BRD in die NATO und der damit verbundenen Wiederbewaffnung Deutschlands wurde 1955 der Warschauer Pakt gegründet. Zu den Gründungsmitgliedern zählten Albanien, Bulgarien, die DDR, Polen, Rumänien, die Tschechoslowakische Republik, die Sowjetunion und Ungarn.

2.2 Zeitgeschichtlicher Hintergrund

Pilzwolke von
„Ivy-Mike" am
1. November
1952 am
Eniwetok-Atoll.
© picture alliance/
dpa

krieg in zwei durch den 38. Breitengrad voneinander getrennte Besatzungszonen geteilt worden. Der Norden stand unter sowjetischer Besetzung, während der Süden von einer US-Militärregierung verwaltet wurde. 1948 fanden Wahlen zur Nationalversammlung statt, als deren Ergebnis sich die Volksrepublik Nordkorea unter Kim Il Sung konstituierte, während im Süden die prowestliche Republik Südkorea unter Syngman Rhee proklamiert wurde. Im selben Jahr zogen die amerikanischen und sowjetischen Truppen ab.

2.2 Zeitgeschichtlicher Hintergrund

Kriegsbeginn am
25. Juni 1950

Im **Juni 1950** überschritten nordkoreanische Truppen den 38. Breitengrad und marschierten in die Republik Südkorea ein. Die Sowjetunion unterstützte den Norden mit Munition und Ausbildern. Die südkoreanische Regierung bat die USA um militärische Unterstützung, woraufhin Harry S. Truman Truppen unter der Leitung Douglas MacArthurs in Südkorea einmarschieren ließ. Die UN ihrerseits erklärte Nord-Korea zum Aggressor und initiierte den Einmarsch weiterer Truppen. Diese Truppenverbände stießen im September 1950 bis an die chinesische Grenze vor, woraufhin chinesische Verbände ins Kriegsgeschehen eingriffen und die Alliierten zurückdrängten. MacArthur forderte daraufhin die Ausweitung des Krieges auf China inklusive eines Atombombeneinsatzes, woraufhin er von Truman, der einen neuen Weltkrieg befürchtete, durch General Ridgway ersetzt wurde, der eine weniger radikale Strategie verfolgte.

27. Juli 1953: Waffenstillstand (Joint Security Area)

1953 schließlich kam es zum Waffenstillstand von Panmunjom, der die endgültige **Teilung Koreas** zur Folge hatte. Nordkorea wurde durch sowjetische Kredite unter Anlehnung an die Volksrepublik China aufgebaut, Südkorea bezog amerikanische Wiederaufbauhilfe. Der 1953 ausgehandelte Status besteht noch.[5] Zu Beginn des Jahres **2018** provozierte der nordkoreanische Machthaber Kim Jong Un die USA mit Raketentests und behauptete, die USA mit Atomsprengköpfen angreifen zu können. Gleichzeitig sprach er von nuklearer Abrüstung und suchte die Versöhnung mit dem Bruderstaat Südkorea anlässlich der Olympischen Winterspiele im gleichen Jahr und die Annäherung an die USA.[6]

---

5 Stand: Juli 2018.
6 http://www.bpb.de/politik/hintergrund-aktuell/267761/fruehling-des-friedens-auf-der-koreanischen-halbinsel

2.2 Zeitgeschichtlicher Hintergrund

Bradbury verweist in *Fahrenheit 451* mehrfach auf einen **militärischen Konflikt**, so jagen Kampfflugzeuge über die Stadt und seine Figuren reden von Mobilmachung. Die Stadt wird später durch einen massiven Bombenangriff vernichtet (S. 205 ff.).

McCarthyismus

Der Begriff McCarthyismus (auch: McCarthy-Ära) geht auf Joseph Raymond McCarthy[7] zurück, republikanischer Senator des Staates Wisconsin, und steht für eine **fanatische Kommunistenverfolgung**.

1950 erregte McCarthy Aufsehen mit der Bemerkung, dass US-Behörden von Kommunisten unterwandert seien. Damit stieß er auf fruchtbaren Boden, denn in den USA grassierte als **Folge des Ost-West-Konflikts** (vgl. vorherige Kapitel) der Antikommunismus, sowohl bei den Republikanern als auch bei den Demokraten. 1947 erließ der zu dieser Zeit amtierende demokratische Präsident Harry S. Truman die *Loyalty Order*, auf deren Grundlage über drei Millionen Bundesangestellte überprüft und etwa 3.000 entlassen wurden, weil sie einer von zahlreichen als kommunistisch eingestuften Organisation angehört hatten oder auch nur als kommunistisch angesehene Publikationen abonniert hatten.[8]

Kommunisten-verfolgung

Zwei Jahre später verpflichtete der *McCarren-Walter Act* alle kommunistischen Organisationen zur Registrierung beim Justizminister sowie zur **Offenlegung ihrer Finanzen und Mitgliederlisten**. US-Bürgern konnte der Reisepass und Ausländern die Einreise verweigert werden. Des Kommunismus verdächtigte Personen konnten festgenommen werden, was durchaus als Folge der besonders von McCarthy betriebenen **Kommunistenhatz** interpretiert werden kann.

---

7 1908–1957.
8 http://www.deutschlandfunk.de/geschichte-aktuell-das-ende-der-hexenjagd.724.de.html?dram:article_id=97809

2.2 Zeitgeschichtlicher Hintergrund

Senatsausschuss
zur Untersuchung
unamerikanischer
Umtriebe

Der ehrgeizige Mann aus Wisconsin, McCarthy, empfahl sich für höhere Aufgaben im Februar 1950 mit einer Rede vor einer Frauenvereinigung der Republikanischen Partei in Wheeling/West Virginia. In dieser Rede behauptete er, dass das Außenministerium von Kommunisten unterwandert sei und dass er eine Liste von 205 im Außenministerium tätigen Kommunisten besitze. Natürlich war das gelogen, doch das spielte **angesichts des Korea-Kriegs** (vgl. vorheriges Kapitel) und eines sich in Europa etablierenden Kommunismus keine Rolle. Führende Republikaner waren auf McCarthy aufmerksam geworden und so betraute man ihn nach dem Wahlsieg des Republikaners Dwight D. Eisenhower bei der Präsidentenwahl 1952 mit dem Vorsitz eines eigens eingerichteten Senatsausschusses zur **Untersuchung unamerikanischer Umtriebe**. Zu dessen Stab gehörte auch der Demokrat Robert „Bobby" Kennedy, worauf Bradbury in seinem Nachwort verweist (S. 219).

McCarthy forderte die Amerikaner zur **Gesinnungsschnüffelei und Denunziation** auf. Die Folgen waren verheerend.

Hexenjagd

„Was McCarthy unter dem Deckmantel patriotischer Gesinnung inszenierte, hatte allerdings bald weniger mit Staatssicherheit als mit Massenhysterie und ideologischer Verblendung zu tun. Die von ihm geschürten Verdächtigungen und Bespitzelungen erzeugten ein gesellschaftliches Klima des Hasses und der Furcht."[9]

Bradbury verweist auf diese Haltung, indem er die alte, bücherliebende Frau von ihrer Nachbarin verraten lässt (S. 57).

---

9   Heuermann, Hartmut: *Ray Bradbury: Fahrenheit 451*. In: Heuermann, Hartmut und Lange, Bernd-Peter (Hrsg.): Die Utopie in der angloamerikanischen Literatur. Interpretationen. Düsseldorf: Bagel, 1984, S. 262.

2.2   Zeitgeschichtlicher Hintergrund

In dieser Atmosphäre der Verunsicherung und Angst wurden **kulturelle Säuberungen** (vgl. auch Kapitel 5 Materialien, S. 113) durchgeführt:

„Die Justizbehörden hatten eine Vielzahl von Schulen und Vereinen für kommunistisch erklärt. Unzählige Zeitungen wurden indiziert. Der Reinigung der Bibliotheken fielen Schriften der UNO, der UNESCO und der American Civil Liberties Union sowie Werke amerikanischer Schriftsteller wie Hemingway, Faulkner und Steinbeck zum Opfer. Zwei Mitarbeiter von McCarthy, Roy Cohn und David Schine, begaben sich 1953 auf eine Tour durch europäische Amerikahäuser und konfiszierten in den dortigen Bibliotheken Tausende von Titeln. Alte Chaplin-Filme wurden abgesetzt. Der Kriminalschriftsteller Dashiell Hammett landete wegen Aussageverweigerung vor dem Ausschuss im Gefängnis."[10]

Zensur

1953 erklärte McCarthy Teile der Armee für kommunistisch unterwandert. Das ließ sich die Armee nicht gefallen, auch **die öffentliche Meinung richtete sich gegen ihn**. Im Februar 1954 prangerte der Journalist Edward Murrow in einer Fernsehsendung die Verhörpraktiken McCarthys an, im selben Jahr führte Joseph Welch, Rechtsberater des Heeres, im Zuge der *Army-McCarthy-Hearings* McCarthy als Menschen vor, **dem es nicht um das Wohl des Landes geht**, sondern darum, seine niederen Instinkte auszuleben. Im selben Jahr wurde McCarthy als Vorsitzender des Senatsausschusses abgesetzt. Der Ausschuss arbeitete allerdings weiter, wurde 1969 umbenannt und erst 1975 abgeschafft.

Gegenwind für McCarthy 1954

---

10 http://www.deutschlandfunk.de/geschichte-aktuell-das-ende-der-hexenjagd.724.de.html?
     dram:article_id=97809

2.2   Zeitgeschichtlicher Hintergrund

Gesellschaftskritische Publikationen zu Beginn der 1950er-Jahre (USA)

Death of A Salesman von Arthur Miller (Uraufführung 1949, dt. *Tod eines Handlungsreisenden*). Das Drama handelt von dem erfolglos gewordenen Vertreter Willy Loman, der sich aufgrund des Erfolgsdrucks für einen Versager hält und sich tötet.

The Crucible von Arthur Miller (Uraufführung 1953, dt. *Hexenjagd*). In diesem Theaterstück thematisiert Miller die Verfolgung und Ermordung von Frauen (sog. Hexenverfolgung) 1692 in Salem in Anspielung auf die McCarthy-Ära.[11]

Fahrenheit 451 von Ray Bradbury (erschienen 1953).

Cat on a Hot Tin Roof von Tennessee Williams (Uraufführung 1955, dt. *Die Katze auf dem heißen Blechdach*). In diesem Drama kritisiert Williams die Gier einer amerikanischen Südstaatenfamilie, die stellvertretend für die amerikanische Gesellschaft steht.

Thematisiert werden Habsucht, der Mythos vom Amerikanischen Traum und die Gesinnungsschnüffelei der McCarthy-Ära.

---

11   Arthur Miller gehört zu den Schriftstellern, die vor das „House Committee on Un-American Activities" zitiert wurden und die sich wegen ihrer kritischen Geisteshaltung zu rechtfertigen hatten.

2.3 Angaben und Erläuterungen zu wesentlichen Werken

ZUSAMMEN-FASSUNG

→ Bradburys Prosa gehört zur phantastischen Literatur. Er verfasste sowohl Science-Fiction- als auch Fantasy- und Mystery-Romane, von denen einige zum Klassiker ihres Genres wurden, so *The Martian Chronicles* (1950), *Fahrenheit 451* (1953) und *The Halloween Tree* (1972).

→ Lange wurde *Fahrenheit 451* der Science-Fiction-Literatur zugeordnet. Inzwischen wird der Roman als Dystopie interpretiert.

Analysiert man die Prosa Bradburys, so stellt man fest, dass es sich dabei überwiegend um Science-Fiction-[12], Fantasy[13]- und Mystery-Romane[14] handelt. Bei seinem Roman **The Martian Chronicles** von 1950 (dt. *Die Mars-Chroniken*) handelt sich um eine in Romanform transformierte Sammlung von Kurzprosa. Schauplatz ist der Planet Mars in den Jahren 1999 bis 2026. Zunächst wird der Planet von den Erdbewohnern nur erforscht. Analog der Besiedlung des amerikanischen Westens im 19. Jahrhundert kommen die ersten Pioniere, in der Folge wird der Mars bewohnbar gemacht, sodass später gesellschaftliche Außenseiter sowie solvente Senioren den Mars besiedeln. Schließlich folgen die Überlebenden eines irdischen Nuklearkrieges. In die Handlung eingewoben ist auch eine ganze Portion **Kulturkritik**: So hält Bradbury seinem Land den

The Martian Chronicles: Kolonisierung des roten Planeten

---

12 Science-Fiction thematisiert in erster Linie die Möglichkeiten und Folgen wahrscheinlich erscheinender technischer Entwicklungen.
13 Fantasy-Romane behandeln das Phantastische, Magisch-Geheimnisvolle.
14 Mystery-Romane thematisieren Übersinnlich-Rätselhaftes.

2.3 Angaben und Erläuterungen zu wesentlichen Werken

Spiegel vor, indem er Amerikas Vorgehen im Kalten Krieg (vgl. Kapitel 2.2) schildert und Rassismus sowie Zensur thematisiert. Die *Martian Chronicles* gehören inzwischen zu den Klassikern der Science-Fiction-Literatur.

Auch ***The Illustrated Man*** (dt. *Der illustrierte Mann*), 1951 publiziert, beruht auf Kurzgeschichten. Der Erzähler begegnet auf einer Wanderung einem Mann, dessen Körper komplett tätowiert ist. Als der Mann schläft, beginnen diese Tätowierungen sich zu bewegen und kreieren Geschichten, die auf verschiedenen Planeten spielen, so auf Mars, Venus und Erde.

Fahrenheit 451: Bücherverbot

Der nächste Klassiker folgte mit dem Roman ***Fahrenheit 451*** (1953), **dem** Roman über Zensur. Wurde der Roman lange als Science Fiction gelesen, so wird er aufgrund literaturwissenschaftlicher Forschungen inzwischen als **Dystopie** (vgl. Kapitel 5. Materialien, S. 111) interpretiert:

> „Ray Bradbury hat mit *Fahrenheit 451* eine Dystopie vorgelegt, die sich dem Muster der von Samjatin, Huxley und Orwell vorgegebenen Tradition problemlos subsumieren lässt. Er beschreibt eine Zukunftsgesellschaft, ein totalitär ausgerichtetes Amerika, in dem eine völlig entindividualisierte Gesellschaft geschaffen wurde, vermittels des Fernsehens und des Verbotes von Büchern.“[15]

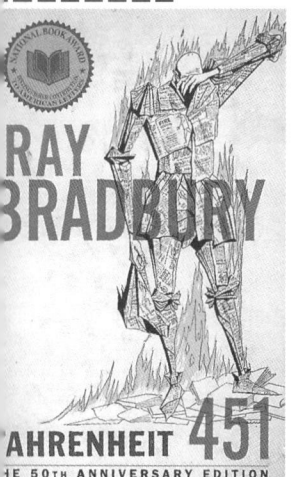

Anlässlich des 50-jährigen Jubiläums wurde der Roman erneut im Cover der Erstausgabe veröffentlicht.
© picture alliance/ United Archives/ WHA

Gleichzeitig hat Bradbury das dystopische Szenario seines Romans durchbrochen, indem er Guy Montag in eine bessere Welt entlässt,

———

15 Heyer, Andreas: *Sozialutopien der Neuzeit. Bibliographisches Handbuch (Band 2)*. Berlin: LIT Verlag 2009, S. 344.

2.3   Angaben und Erläuterungen zu wesentlichen Werken

in der kulturelles Wissen eine Wiederauferstehung erleben wird
(vgl. Kapitel 3.7 Interpretationsansätze).

Something Wicked This Way Comes von 1962 (dt. *Das Böse kommt auf leisen Sohlen*) ist ein Fantasy-Roman. In einer Stadt schlägt ein Jahrmarkt seine Zelte auf. Zu den Attraktionen gehört ein Karussell, das das Alter der Menschen verändern kann. Die rückwärts gerichtete Umdrehung wirkt verjüngend, die vorwärts gerichtete Rotation lässt die Menschen altern. Viele Stadtbewohner nutzen die Möglichkeit, ihr Alter zu manipulieren, wobei sich ihre Persönlichkeit verändert – was sie aber nicht wissen. Die Jungen Jim und Will kommen hinter die Wirkung des Karussells und werden von den beiden Jahrmarktbesitzern Cooger und Dark festgesetzt. Wills Vater Charles, der lange Zeit mit dem Gedanken spielte, sich via Karussellfahrt zu verjüngen, tötet Dark und bricht den Bann, was zur Auflösung des Jahrmarkts führt.

Something Wicked This Way Comes: Manipulation

The Halloween Tree von 1972 (dt. *Halloween*) ist ein Klassiker der Fantasy-Literatur. Bradbury lässt acht Jungen den Ursprung von Halloween[16] erfahren und rekonstruiert so eine Kulturgeschichte dieses Brauches.

Kulturgeschichte des Halloween

Death is a Lonely Business (1985, dt. *Der Tod ist ein einsames Geschäft*) ist ein Kriminalroman mit Fantasy-Elementen. Schauplatz ist die in der Nähe von Los Angeles gelegene Stadt Venice um 1949. In dieser Stadt, die ihre beste Zeit hinter sich hat, kommt es zu Todesfällen, von denen man nicht weiß, ob es sich nicht vielleicht um Morde handeln könnte. Der Ich-Erzähler des Buches und Autor von Gespenstergeschichten recherchiert die Todesfälle und kann mithilfe eines Freundes den Mörder stellen. Der Roman ist eine Hommage an die berühmten Kriminalschriftsteller Raymond

Death is a Lonely Business: Krimi und Porträt einer verfallenden Stadt

---

16 Halloween (engl. All Hallows' Evening) ist die Nacht zu Allerheiligen, also vom 31. Oktober auf den 1. November.

2.3   Angaben und Erläuterungen zu wesentlichen Werken

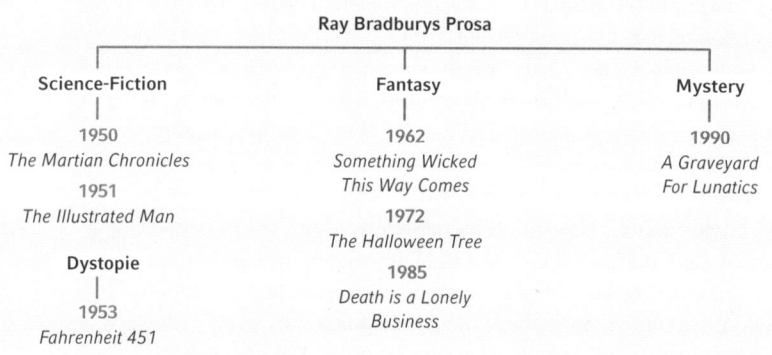

Ray Bradburys Prosa

Science-Fiction

1950
The Martian Chronicles
1951
The Illustrated Man

Dystopie

1953
Fahrenheit 451

Fantasy

1962
Something Wicked This Way Comes
1972
The Halloween Tree
1985
Death is a Lonely Business

Mystery

1990
A Graveyard For Lunatics

Chandler und Dashiell Hammett. Gleichzeitig porträtiert Bradbury das verfallende Venice.

A Graveyard For Lunatics: Grusel in Hollywood

A Graveyard For Lunatics von 1990 (dt. *Friedhof für Verrückte*) ist ein Mystery-Roman. Der Protagonist ist Drehbuchautor im Hollywood des Jahres 1954. Er soll ein Drehbuch für einen Gruselfilm schreiben und will sich in der Halloween-Nacht mit einer ihm unbekannten Person, die ihm Stoff für den Film liefern will, auf einem Friedhof treffen. Dort findet der Protagonist einen Toten, der wie der Direktor des Filmstudios aussieht, der 20 Jahre zuvor bei einem Autounfall ums Leben gekommen ist. Bradbury verweist mit diesem Roman auf seine Zeit auf Drehbuchautor in Hollywood. Die in dem Roman vorkommenden Figuren Roy Holdstrom und Fritz Wong sind Porträts von Ray Harryhausen[17], Fritz Lang[18] und James Wong Howe[19].

---

17   (1920–2013): Bekannter Tricktechniker und Filmproduzent in Hollywood.
18   (1890–1976): Legendärer Hollywood-Regisseur (*Metropolis*).
19   (1899–1976): Führender Kameramann in Hollywood.

3. TEXTANALYSE UND -INTERPRETATION

3.1 Entstehung und Quellen

ZUSAMMEN-FASSUNG

Zu *Fahrenheit 451* inspiriert wurde Bradbury durch
→ historische Bücherverbrennungen,
→ die Anklage seiner Vorfahrin Mary Bradbury als Hexe in Salem 1680 und
→ seinem Interesse an der römischen, griechischen und ägyptischen Mythologie.

1953: Bradbury schreibt *Fahrenheit 451* auf der Grundlage seiner Kurzgeschichte *The Fireman* (1951). Im gleichen Jahr erscheint der Roman bei *Ballantine Books*, New York.

Thematische Vorgänger von *Fahrenheit 451* sind mehrere Kurzgeschichten (vgl. Nachwort[20] von Ray Bradbury, S. 215–228). In **Bonfire**[21] (bis 2010 unveröffentlicht; im Nachwort mit „Scheiterhaufen" übersetzt, S. 215) sieht sich der Bücherliebhaber William Peterson mit der Verbrennung der Werke seiner bevorzugten Autoren konfrontiert. In **Bright Phoenix** von 1947 (dt.: *Strahlender Phoenix*) thematisiert Bradbury ebenfalls eine Zensurmaßnahme via Bücherverbrennung, der allerdings auf intelligente Weise Widerstand entgegengesetzt wird. Die Bürger der von dieser Maßnahme betroffenen Stadt lernen die Bücher auswendig, um sie später aufzuschreiben und so vor der endgültigen Vernichtung bewahren

Eigene Kurzgeschichten als thematische Vorgänger von *Fahrenheit 451*

---

20 Erstmals erschienen in: Bradbury, Ray: *A Pleasure to Burn: Fahrenheit 451 Stories*. Burton (Michigan): Subterranean Press, 2010.
21 Nachwort, erstmals als Vorwort zur Jubiläums-Ausgabe von *Fahrenheit 451* im Verlag Simon & Schuster, 2003, erschienen.

3.1 Entstehung und Quellen

zu können. Dieses Motiv wird Bradbury später in *Fahrenheit 451* erneut verwenden in Gestalt der Gruppe um Granger, die wichtige Werke der abendländischen Kultur auswendig gelernt haben (S. 197 ff.).

In **The Exiles** (1949, dt. *Die Verbannten*) lässt Bradbury ein Raumschiff von der Erde, auf der phantastische Literatur verboten ist, zu einer Mars-Kolonie fliegen. Dort werden von dem Kommandanten des Raumschiffes noch Bücher dieser Gattung vermutet, die er suchen und verbrennen lässt.

In *Usher II*[22] von 1950 erweckt Bradbury ein Panoptikum von Bücherverbrennern zum Leben, die schließlich untergehen.

In **The Pedestrian**, ebenfalls 1950 publiziert (dt. *Der Fußgänger*), verarbeitet Bradbury ein bizarres Erlebnis mit einem Polizisten, der sich nicht vorstellen konnte, dass zwei Männer einfach nur einen Spaziergang durch Los Angeles machen (vgl. S. 218 f.). Dieses Erlebnis taucht auch in *Fahrenheit 451* wieder auf, so wird der Onkel von Clarisse McClellan „wegen Fußgängerei" verhaftet (S. 25). Und irgendein „armer Teufel" (S. 193), der einfach nur einen Spaziergang machen möchte, wird an Montags Stelle umgebracht (S. 193 f.).

Mutter des Romans *Fahrenheit 451* ist die 1951 erschienene Kurzgeschichte *The Fireman*, in der sich die Themen der vorgenannten Kurzgeschichten bündeln und in der die Handlung von *Fahrenheit 451* im Kern angelegt ist. Über seine Hinwendung zum Thema Zensur und seine Inspiration äußerte sich Bradbury wie folgt:

---

22 Mit diesem Titel verweist Bradbury auf *The Fall of the House of Usher* von Edgar Allan Poe, dem Großmeister der amerikanischen Kurzgeschichte.

3.1 Entstehung und Quellen

„Zum einen war da Hitler, der 1933 in Deutschland Bücher verbrennen ließ, zum anderen Gerüchte über Stalin, seine Streichholzmänner und Zunderbüchsen. Und, weit früher, die Hexenjagd von Salem[23] im Jahre 1680, als meine Ururururururur-
urururgroßmutter Mary Bradbury vor Gericht gestellt wurde,
der Verbrennung aber entging. Doch den größten Einfluss übte
meine Schwärmerei für die römische, griechische und ägypti-
sche Mythologie aus, die begonnen hatte, als ich drei Jahre alt
war." (S. 221 f.)

Historische
Bücherverbren-
nungen und die
Hexenjagd von
Salem

Bradbury hatte Probleme, das Manuskript des *Fireman* zu verkaufen, doch im Februar 1951 wurde die Erzählung von Horace Gold
im *Galaxy Magazine* publiziert.

Zwei Jahre später erkannte der Jungverleger Ian Ballantine in
The Fireman „das Potential für einen richtigen Roman" (S. 224) und
regte Bradbury an, die Kurzgeschichte *The Fireman* zum Roman zu
erweitern. Für Bradbury war das eine Herausforderung, denn er
fürchtete, dass der Roman ein Abklatsch von *The Fireman* werden
und dass „das gesamte Abenteuer womöglich in Selbstzweifeln und
endlosen Gedankenspielen versacken" (S. 224) könnte.

Von *The Fireman*
zu *Fahrenheit 451*

Im August 1953 schließlich machte sich Bradbury an die Arbeit
und schloss den Roman nach neun Tagen und dem Einsatz von
angeblich 9,80 Dollar in Zehn-Cent-Münzen ab.[24] Wie schon bei
The Fireman bediente sich Bradbury in Ermangelung eines eigenen Büros der Mietschreibmaschinen in der Bibliothek der UCLA.
Der Roman erschien im selben Jahr bei Ballantine Books in New

---

23 Ende des 17. Jahrhunderts brach in der Kleinstadt Salem/Massachusetts eine beispiellose Jagd
auf Frauen aus, die der Hexerei beschuldigt wurden. Bis zu 200 Frauen wurden interniert, ver-
hört, gefoltert und hingerichtet. Arthur Miller beispielsweise verarbeitete diese Thematik in
seinem Theaterstück *The Crucible* (1953).
24 Vgl. https://rp-online.de/kultur/film/ray-bradbury-ist-tot_aid-14268911

3.1 Entstehung und Quellen

York. Schwieriger gestaltete sich die Suche nach einem Zeitschriftenverlag, der Ausschnitte des Romans publizieren sollte. In dieser Situation lernte Bradbury den unlängst verstorbenen Hugh Hefner (1926–2017) kennen, der um die Jahreswende 1953/1954 das Männermagazin *Playboy* gründete und darin Auszüge von *Fahrenheit 451* druckte (vgl. S. 226). 1955 erschien im Arche Verlag Zürich die deutsche Erstausgabe in der Übersetzung von Fritz Güttinger.

Deutsche Erstausgabe 1955

3.2 Inhaltsangabe

ZUSAMMEN-FASSUNG

Guy Montag gehört zu einer Einheit von Feuerwehrleuten in einem totalitären Staat: Es werden Bücher und auch die Häuser verbrannt. Montags Frau Mildred lebt in ihrer eigenen Welt, die aus dem Konsum von Tabletten sowie TV-Serien besteht. Als Montag nach einem seiner Einsätze nachts auf dem Heimweg ist, trifft er auf die 16-jährige Clarisse McClellan, die ihn mit ihrer unbefangenen, offenen Art beeindruckt. Montag rettet zu Hause seiner Frau das Leben, die sich mit Tabletten vergiftet hat, was sie allerdings leugnet. In der Folge beginnen Montag und Clarisse eine Freundschaft, die auf Montag inspirierend wirkt: Montag beginnt, über sich, sein Tun und seine Umwelt nachzudenken.

Auf der Feuerwache wird Montag vom Mechanischen Hund, der darauf konditioniert ist, Staatsfeinde zu erkennen, angeknurrt, was Montag verunsichert. Und plötzlich ist Clarisse verschwunden. Im Einsatz bei einer alten Frau zündet sich diese selbst zusammen mit ihren Büchern an, was Montag tief erschüttert. Zudem erfährt er, dass Clarisse tot ist. Am nächsten Morgen ist Montag krank. Hauptmann Beatty erscheint, gibt sich verständnisvoll und redet ihm ins Gewissen: Sollte er ein Buch besitzen, drohen ihm keine Sanktionen, wenn er es wieder abgibt. Kurze Zeit später taucht der Mechanische Hund vor Montags Haustür auf. Montag holt mehrere Bücher, die er vor dem Verbrennen bewahrt hat, aus einem Versteck und bittet seine Frau inständig, mit ihm zu lesen, was diese empört ablehnt: Sie zieht die dümmliche TV-Unterhaltung vor.

3.2 Inhaltsangabe

Montag erinnert sich an eine Begegnung mit Professor Faber und sucht ihn zusammen mit dem Buch, das er bei der alten Frau mitgenommen hat, auf. Beide Männer beschließen, einen arbeitslosen Drucker mit der Herstellung von Büchern zu betrauen und so den Staat zu unterhöhlen. Von Faber erhält Montag einen Kommunikationsknopf fürs Ohr, um in Kontakt zu bleiben.

Zu Hause trifft Montag wieder auf seine Frau Mildred und deren geistlose Freundinnen und liest ihnen schließlich Lyrik vor. Die Frauen laufen empört davon. Montag geht auf die Feuerwache, um das Buch abzugeben. Beatty behandelt ihn mit Spott und Ironie. Schließlich werden sie zu einem Einsatz gerufen. Ziel ist Montags Haus, denn die Frauen haben Montag in der Zwischenzeit denunziert.

Mildred flieht und Montag verbrennt sein eigenes Haus. Beatty entdeckt schließlich Montags Ohrstöpsel und droht, auch Faber aufzusuchen. Daraufhin verbrennt Montag Beatty und flieht unter dramatischen Umständen. Er sucht Faber zum Abschied auf, der ihm von umherziehenden Intellektuellen erzählt, die Montag außerhalb der Stadt suchen soll. Inzwischen ist Krieg ausgebrochen. Montag flieht vor dem Mechanischen Hund aus der Stadt und trifft auf die Intellektuellen um ihren Wortführer Granger. Diese Menschen haben die Werke abendländischer Kultur auswendig gelernt, um sie zu bewahren und wieder einzuführen, wenn die Zeit reif sein sollte. Am TV verfolgt die Gruppe die Jagd auf Montag, an dessen Stelle schließlich ein Unbeteiligter getötet wird, damit der Staat das Gesicht wahren kann. Montag schließt sich der

3.2   Inhaltsangabe

Gruppe um Granger an. Als sie sich aufmachen, um das Lager zu verlassen, kommt es zu einem Bombenangriff auf die Stadt, die dabei komplett vernichtet wird. Die Gruppe beschließt, in die Stadt zurückzukehren und ihren Beitrag zum kulturellen Neuaufbau zu leisten.

Erster Teil – *Häuslicher Herd und Salamander*

Guy Montag geht seiner Arbeit nach und verbrennt Bücher als Feuerwehrmann. Nach der Schicht macht er sich um Mitternacht auf den Heimweg. In den Nächten zuvor hatte er das Gefühl gehabt, dass jemand ihn beobachtet hatte. Auch jetzt ist ihm so und tatsächlich stößt er auf ein junges Mädchen, Clarisse McClellan, die seit kurzem in der Nachbarschaft wohnt. Es entwickelt sich ein persönliches Gespräch zwischen den beiden, an dessen Ende das angeblich 17-jährige Mädchen[25] den 30-jährigen Guy Montag fragt, ob er glücklich sei (S. 25). Montag betritt irritiert sein Haus und redet sich ein, natürlich glücklich zu sein. Er denkt über die Begegnung mit der eigentümlichen Clarisse nach, die nachts spazieren geht und sich unterhält. Montag muss daran denken, dass er sich vor einem Jahr in einem Park mit einem alten Mann *„unterhalten"* hatte – was ihn im Nachhinein noch wundert (S. 25).

(Randnotiz: Guy Montag lernt Clarisse McClellan kennen)

Montag betritt das Schlafzimmer. Seine Frau liegt wie tot auf dem Bett und lässt sich via Kopfhörer mit Musik beschallen. Montag wird plötzlich klar, dass er nicht glücklich ist: „Er war nicht glücklich. [...] Er trug sein Glück wie eine Maske, und das Mädchen war damit davongelaufen [...]." (S. 27) Als er zu seinem Bett geht, stößt er mit dem Fuß an einen Gegenstand. Er spricht seine Frau

(Randnotiz: Mildred Montag hat Schlafmittel genommen)

---

25   Später gesteht Clarisse, dass sie erst in einem Monat 17 Jahre alt wird (vgl. S. 41).

3.2 Inhaltsangabe

an, die nicht reagiert. Dann bemerkt er, dass der Gegenstand ein leeres Glasfläschchen ist, das am Morgen noch mit Schlaftabletten gefüllt gewesen war. Ein Geschwader von Düsenbombern fliegt mit ohrenbetäubender Lautstärke über sein Haus. Nachdem sie verschwunden sind und es wieder still ist, ruft Montag im Krankenhaus an.

Mildred Montag wird gerettet

Zwei Menschen aus dem Krankenhaus erscheinen, pumpen Mildred Montag den Magen aus, versorgen den Kreislauf mit neuem Blut und verabreichen ihr ein belebendes Medikament. Montag erregt sich darüber, dass kein Arzt gekommen ist – doch die „Sanitäter" erklären ihm, dass es sich hierbei nur um Routinearbeit handelt. Sie kassieren 50 Dollar und ziehen zum nächsten Patienten, zehn Häuser nebenan, weiter. Während seine Frau sich zunehmend erholt, tritt Montag ans Fenster und öffnet es. Aus dem Haus der McClellans hört er Gelächter. Er geht hinüber, überlegt, ob er dort klopfen soll, unterlässt es dann aber. Er steht noch eine Weile da, hört den Gesprächen zu und kehrt in sein Haus zurück. Er denkt an Clarisse, an seine Frau, an das von ihm gelegte Feuer und hat das Gefühl, dass die ganze Welt über ihn hereinbricht. Er nimmt eine Schlaftablette.

Als er am nächsten Morgen erwacht, ist seine Frau bereits in der Küche und bereitet das Frühstück vor. Sie kann sich an ihren übermäßigen Schlafmittelgebrauch nicht erinnern – und Montag verschweigt es (S. 36).

Mildreds Medienkonsum

Erst am Abend erzählt er es ihr, bevor er zum Dienst geht. Mildred streitet es ab und befasst sich mit einem Manuskript und ihrer Rolle für eine Werbung, die im „Wand-an-Wand-Funk" (S. 37) ausgestrahlt wird. Sie spricht Montag ihren Text vor und versucht ihn davon zu überzeugen, eine vierte Fernsehwand zu kaufen, obwohl die kürzlich erworbene dritte Fernsehwand noch nicht vollständig abgezahlt ist.

3.2   Inhaltsangabe

Auf dem Weg zum Feuerwehrgebäude begegnet Montag Clarisse McClellan. Sie erzählt ihm von ihrer Vorliebe für Spaziergänge im Regen und versucht anhand eines Löwenzahns den Test, ob sie und Montag verliebt sind. Wieder wird das Gespräch sehr persönlich, so berichtet sie, dass sie in psychiatrischer Behandlung ist, und nennt Montag ungewöhnlich. Wieder allein lässt sich Montag tatsächlich wie Clarisse Regen in den Mund laufen (S. 42).

Montag ist in der Feuerwache und betrachtet den Mechanischen Hund. Mit ihm vertreiben sich die Feuerwehrleute die Langeweile, indem sie ihn auf hilflose Tiere loslassen und darauf wetten, welches der Tiere von der Tiermaschine zuerst getötet wird. Früher hatte sich Montag an diesen Wetten beteiligt, nach einem Streit mit seiner Frau über das verlorene Geld lässt er es nun. Montag berührt die Schnauze des Hundes und wird angeknurrt. Montag weicht beunruhigt zurück, der Hund kommt aus seiner Hütte. Montag flieht angstvoll in das obere Stockwerk und versucht sich zu beruhigen. Hauptmann Beatty, der mit drei anderen Feuerwehrmännern Karten spielt, spricht ihn an. Montag berichtet von dem Verhalten des Hundes und Beatty versucht ihn zu beruhigen. Montag verweist darauf, dass die Tiermaschine vielleicht aufgrund individueller biochemischer Parameter auf ihn programmiert wurde. Beatty wiegelt erneut ab und kündigt an, die Tiermaschine am nächsten Tag technisch überprüfen zu lassen. Beatty gegenüber formuliert er sein Bedauern, dass die Tiermaschine nur auf Töten programmiert ist. Beatty tut das als Unsinn ab, lobt die Präzision der Maschine und fragt Montag, ob er etwas zu verbergen habe (S. 46).

Der Mechanische Hund bedroht Montag

Guy Montag und Clarisse McClellan treffen in den folgenden Tagen regelmäßig aufeinander und vertiefen ihre Freundschaft. Er vertraut ihr an, dass seine Frau keine Kinder haben wollte; sie erzählt, dass sie sich vor ihren Altersgenossen fürchtet, da sie so brutal sind und sich gegenseitig umbringen. Und sie bedauert die

Sich vertiefende Freundschaft zwischen Montag und McClellan

3.2 Inhaltsangabe

Geistlosigkeit und die Non-Kommunikation der Menschen sowie die abstrakten Gemälde in den Museen.

In der Feuerwache erfährt Montag, dass ein Feuerwehrmann in Seattle den Mechanischen Hund auf sich programmiert und so Selbstmord begangen hat (S. 51). Nach Tagen der gemeinsamen Spaziergänge ist Clarisse plötzlich verschwunden.

Hauptmann Beatty ist regierungstreu

Montag sitzt in der Feuerwache und spielt mit den Kollegen Karten. Als er seinen Einsatz verpasst, erinnert ihn Hauptmann Beatty daran und betrachtet ihn neugierig. Im Radio wird ein Kriegsausbruch angekündigt (S. 52), über die Feuerwache fliegt ein Geschwader von Düsenflugzeugen. Montag entschuldigt seine Unaufmerksamkeit damit, dass er an das letzte Feuer gedacht habe, und möchte wissen, was mit dem Besitzer der von ihnen verbrannten Bücher passiert ist. Der hatte laut Beatty einen schweren Nervenzusammenbruch erlitten und war in die Psychiatrie gebracht worden. Zwischen Montag und Beatty entspinnt sich ein Dialog, in dem Beatty jeden für verrückt erklärt, der versucht, die Regierung und die Feuerwehr zu hintergehen. Von Montag will er wissen, ob er

Montag hinterfragt die Feuerwehr

Bücher habe. Montag verneint zögerlich. Montag will weiter wissen, ob die Feuerwehr nicht irgendwann einmal Brände gelöscht hat, anstatt welche zu legen. Stoneman und Black lesen das Dienstreglement inklusive der Geschichte der amerikanischen Feuerwehr vor, als ein Alarm ertönt und die Feuerwehrleute blitzartig aufbrechen – mit Ausnahme von Montag, der sich nur langsam und unkonzentriert auf den Weg macht.

Sie gelangen zu einem alten Haus. Dessen Bewohnerin, eine alte Frau, wirkt angesichts der Feuerwehr wie betäubt. Sie zitiert einen Vers (vgl. auch Kapitel 3.4, S. 72). Obwohl sie ansonsten passiv bleibt, schlägt Beatty ihr ins Gesicht und fragt sie nach den Büchern. Stoneman zeigt ihr die Meldung einer „E.B." (S. 57): Das sind die Initialen der Nachbarin, der vermutlichen Denunziantin.

3.2 Inhaltsangabe

Die Feuerwehrleute steigen ins Dachgeschoss hinauf, wo sie die Bücher vorfinden. Montag steigt hinterher und ist irritiert, da die Frau entgegen der üblichen Vorgehensweise, bei der die Bücherbesitzer von der Polizei fortgebracht werden, anwesend ist. Die Männer werfen die Bücher und Zeitschriften ins Erdgeschoss. Montag nimmt eines der Bücher an sich und versteckt es in seiner Kleidung. Die Frau kniet inmitten der Bücher und sagt, dass die Feuerwehrleute ihre Bücher nicht bekommen werden. Beatty maßregelt sie und fordert sie auf mitzukommen, aber sie weigert sich. Montag hat Angst um ihr Leben und fordert sie ebenfalls auf, mitzukommen. Die alte Frau weigert sich und fordert Montag zum Gehen auf. Sie entzündet die mit Kerosin präparierten Bücher selbst und verbrennt mit ihnen.

Eine alte Frau verbrennt sich mit ihren Büchern

Auf der Rückfahrt zur Feuerwache bleiben die Männer stumm. Schließlich durchbricht Montag die Stille und berichtet, dass die Frau sinnlos dahergeredet und einen „Meister Ridley" (S. 61) erwähnt habe. Hauptmann Beatty erklärt zum Erstaunen aller den Kontext dieses Zitates.

Hugh Latimer und Nicolas Ridley

Montag ist nach Hause gekommen und betritt das Schlafzimmer, wo er von seiner Frau unfreundlich begrüßt wird. Er legt die Kleidung ab und hält das Buch, das er aus der Wohnung der Frau mitgenommen hatte, in der Hand. Er steckt es unter das Kissen und lässt sich ins Bett fallen. Seine Frau redet mit ihm, aber für Montag sind die Worte wie das Gebrabbel eines Kindes. Er stöhnt vor sich hin und weint.

Montag ist erschüttert

Als Montag in der Nacht erwacht, hat Mildred Kopfhörer angelegt und „hörte Leuten zu, die weit weg waren" (S. 63). Montag empfindet ein Gefühl der Fremdheit ihr gegenüber. Er fragt sie, wann sie sich kennengelernt hätten. Beide wissen es nicht mehr. Mildred Montag nimmt wieder Schlafmittel ein und Montag denkt an ihre Vergiftung und an die „Techniker" (S. 65), die ihr den Ma-

Dauer-TV-Berieselung

3.2 Inhaltsangabe

gen auspumpten und sie mit frischem Blut versorgten. Er erinnert sich, dass er nicht geweint hätte, wenn sie gestorben wäre. Angesichts dieser Distanz zwischen beiden muss er dann doch weinen. Er denkt daran, dass zwischen ihm und seiner Frau ihr exorbitanter Konsum dümmlicher TV-Unterhaltung steht. Einmal war er nach Hause gekommen und von einer unglaublich lauten Musik beschallt worden, die ihn zunächst aus dem Zimmer trieb. Von seiner Frau ließ er sich dann die Sendung erklären, deren Figuren von Montag „die Verwandtschaft" (S. 66) genannt wird. Und er denkt daran, dass er ihre Raserei mit dem Auto nicht mag. Er nimmt seiner Frau die Kopfhörer aus den Ohren und fragt sie nach Clarisse McClellan.

Clarisse McClellan ist tot

Mildred teilt ihm mit, dass die McClellans fortgezogen sind, Clarisse vor vier Tagen überfahren wurde und vermutlich tot ist (S. 70). Dann stöpselt sie wieder die Kopfhörer ein. Montag hört ein Geräusch von draußen und vermutet vor dem Fenster den Mechanischen Hund.

Montag ist krank

Am Morgen darauf hat Guy Montag Fieber und bleibt im Bett. Seine Frau ignoriert seine Bitte nach Ruhe und stellt weder das TV leiser noch bringt sie ihm ein Medikament, um das er gebeten hatte. Sie versucht ihn dazu zu überreden, trotzdem zum Dienst zu gehen. Er erzählt ihr, dass sie gestern nicht nur Bücher, sondern auch einen Menschen verbrannt haben. Ihr ist das vollkommen egal. Montag überlegt laut, mit dem Dienst eine Weile auszusetzen, doch seine Frau ist aus materiellen Gründen dagegen und behauptet, dass die alte Frau ihn um seinen Verstand gebracht hat, was Montag

Hinter jedem Buch steht ein Mensch

abstreitet. Er versucht seiner Frau zu erklären, dass Bücher einen Wert haben, dass hinter jedem Buch ein Mensch steht und dass er, wenn er Bücher verbrennt, Welten verbrennt (S. 75). Seine Frau reagiert mit Unverständnis. Derweil ist Hauptmann Beatty gekommen und klingelt an der Tür. Mildred öffnet. Beatty befiehlt ihr, das TV abzustellen, was Frau Montag sofort tut. Montag gegenüber

3.2 Inhaltsangabe

gibt er sich jovial und verständnisvoll und schlägt ihm vor, sich
eine Nacht freizunehmen. Dann referiert er über die Feuerwehr
als Garant gesellschaftlicher Stabilität: Angefangen habe diese Entwicklung als Reaktion auf die Bevölkerungszunahme und der damit
einhergehenden Degeneration von Film, Rundfunk, Zeitschriften
und Büchern als Massenmedien mit offensichtlichem Niveauver-
fall. Klassische Literatur sei rücksichtslos gekürzt worden, um sie
dem Zeitgeist anzupassen. Die berufliche Ausbildung beschränke
sich nun auf Funktionalität der Menschen. Mildred Montag wird angesichts des Vortrags nervös, steht auf, streicht das Bettzeug glatt
und will Montags Kissen aufschütteln. Der bekommt Angst, dass sie
das darunter versteckte Buch findet, und versucht sie von ihrem Tun
abzuhalten. Sie fühlt schließlich das Buch unter dem Kissen und
fragt, was das sei (S. 81). Montag brüllt sie an, dass sie sich setzen
soll. Beatty tut, als sei nichts geschehen, und verwickelt Montag
in ein Gespräch über Sport. Dann nimmt er sich die Minderheiten
vor, zu denen auch die Schriftsteller gehören: Ihnen seien die Kritiker in den Rücken gefallen, referiert Beatty, und nach ihnen richte
sich die Bevölkerung. Bildung sei für überflüssig erklärt worden,
übrig seien Comics und Pornos geblieben. Geistvolle Menschen mit
Büchern seien gefährlich, weil sie eine Bedrohung seien für die
Gesellschaft, die auf Geistlosigkeit und Massenkonsum beruhe. So
sei die Feuerwehr schließlich umdefiniert worden. Nachdem der
umfassende Brandschutz für Häuser eingeführt worden wäre, sei
sie nicht mehr zum Löschen der Gebäude gebraucht worden, sondern zur Verhinderung gesellschaftlicher Brände, weshalb sie nun
Bücher zu verbrennen habe.

Montag fragt nach Clarisse (S. 85). Beatty berichtet, dass Clarisse
McClellan aufgrund ihres individuellen Verhaltens streng beobachtet worden war und nun tot ist. Dann konfrontiert er Montag mit seiner Philosophie der geistlosen, anspruchslosen Unterhaltung, die

*Geistlose Gesell-
schaft*

*Das Verbrennen
von Büchern, um
das Denken zu
verhindern*

*Montag will
nicht mehr für
die Feuerwehr
arbeiten*

3.2 Inhaltsangabe

keine Fragen nach einem „Warum" aufkommen lassen. Er nennt
sich und Montag „Glückshüter" (S. 87), die für stabile Verhältnisse
sorgen würden. Und er sagt, dass einmal jeder Feuerwehrmann
an seinem Tun zweifelt und wissen will, was in den Büchern steht.
Er habe einige literarische Bücher gelesen und festgestellt, dass
nichts (S. 88) darinstehe. Fachliteratur sei ein Konkurrenzkampf
zwischen Spezialisten auf Papier, sagt er. Montag fragt ihn nach
dem Procedere, wenn ein Feuerwehrmann unabsichtlich ein Buch
mit nach Hause genommen habe. Vierundzwanzig Stunden könne
er es behalten. Sei es dann nicht verbrannt worden, komme die Feuerwehr und verbrenne es, informiert ihn Beatty und fragt ihn, ob er
am Abend zum Dienst kommen werde. Montag verneint und sagt,
dass er vielleicht später kommen werde, wobei er sich vornimmt,
den Dienst zu quittieren (S. 89). Ein nachdenklicher Hauptmann
Beatty sagt, dass er Montag vermissen würde, wünscht gute Bes-
serung und geht.

Montag beobachtet, wie Beatty davonfährt. Er betrachtet die ge-
genüberliegenden Häuser, die alle keine Veranda mehr haben, um
Geselligkeit und eine Kommunikation unter Nachbarn zu verhindern. Aus diesem Grund waren einst auch die Gärten abgeschafft
worden. Montag gehen Clarisses Worte durch den Kopf.

Montag hat
Bücher versteckt

Montag wendet sich seiner Frau zu. Sie sitzt vor den TV-Wänden
und kommuniziert mithilfe einer technischen Vorrichtung mit dem
Ansager. Montag konfrontiert sie mit seinem Plan, nicht mehr zum
Dienst zu gehen, und damit, dass er gerne etwas zerstören würde.
Sie schlägt ihm vor, den Wagen zu nehmen und über Land zu rasen,
wie sie es manchmal ohne Montags Wissen nachts tue, wobei sie
Kaninchen und Hunde überfahre. Er lehnt ab, sagt, dass er lieber
Bücher lesen würde und unglücklich ist. Mildred Montag erklärt
sich für glücklich und wendet sich wieder dem Wand-TV zu. Mon-

3.2   Inhaltsangabe

tag stellt den Ton ab und kündigt an, ihr etwas zeigen zu wollen.
Dann holt er 20 in der Klimaanlage im Flur versteckte Bücher hervor (S. 92). Seine Frau weicht vor den Büchern zurück, dann nimmt
sie eins und versucht es zu verbrennen, was Montag mit Gewalt
verhindert. Er appelliert an seine Frau, die Bücher zu lesen und
Beattys Behauptungen zu prüfen. Er verspricht ihr, die Bücher zu
verbrennen, wenn Beatty recht habe. Er sagt ihr, dass er hoffe, in
den Büchern die Antwort darauf zu finden, warum sie tabletten-
süchtig geworden sei und nachts durch die Gegend rasen müsse
und ob er seine Arbeit als Feuerwehrmann noch machen könne.
Ihre Beziehung will er retten und seine Erkenntnisse an andere
weitergeben, sagt er ihr, und dass er sie jetzt brauche. Er erzählt
ihr von der alten Frau, die sich mit ihren Büchern verbrennen ließ,
und von Clarisse McClellan, vor der Beatty sich fürchte, und dass
die Feuerwehrmänner selbst verbrannt werden sollten.

   Der Türmelder schlägt an und Mildred befürchtet, dass Beatty
zurückgekommen ist. Die Montags öffnen die Tür nicht, sondern
bleiben inmitten der Bücher sitzen. Schließlich geht der Besucher.   Montag möchte
Montag nimmt ein Buch und liest Stellen daraus vor. Seine Frau   lesen
protestiert und gibt Beatty recht. Montag sagt, dass sie „von vorn"
(S. 95) anfangen werden.

Zweiter Teil – *Das Sieb und der Sand*
Die Montags lesen den gesamten verregneten Novembernachmit-
tag hindurch. Die TV-Wand bleibt ausgeschaltet, sehr zum Verdruss
von Mildred. Guy Montag liest über das Wesen der Freundschaft
und fragt sich, welcher Natur seine Beziehung zu Clarisse McClellan
war. Er versucht, mit seiner Frau über sie zu reden, doch die blockt
ab und erklärt, dass Bücher keine Menschen seien im Gegensatz zu
ihrer TV-Familie, die sie zum Lachen bringen könne. Vor der Tür
hört Montag einen Mechanischen Hund (S. 100). Dann sagt Mildred,

3.2 Inhaltsangabe

dass Hauptmann Beatty das Haus niederbrennen könne, in das sie viel Geld investiert hätten, und fragt, warum sie Bücher lesen soll. Montag verweist auf ihren Schlafmittelmissbrauch, auf die Frau, die sich mit ihren Büchern verbrannt hat, und auf die tote Clarisse McClellan. In diesem Augenblick fliegen Bomber über das Haus. Dies nimmt Montag zum Anlass, sich über die ungerechte Weltordnung auszulassen, und formuliert die Hoffnung, dass es durch die Lektüre von Büchern zu einem Erkenntnisgewinn kommen kann.

Mildreds Freundin Anna ruft an (S. 102) und beide unterhalten sich über das Fernsehprogramm. Montag gibt auf und gesteht sich ein, dass er einen Lehrer braucht, will er Literatur verstehen. Er erinnert sich an den alten Mann mit Namen Faber, den er vor einem Jahr im Stadtpark angetroffen hatte und der, wie sich herausstellte, Professor für englische Literatur ist. Sie waren ins Gespräch gekommen, der Professor hatte Gedichte rezitiert und Montag dann seine Adresse aufgeschrieben, damit er sie in die Kartei der Feuerwehr aufnehmen kann. Montag hatte ihn nie angezeigt.

Montag sucht die Adresse Fabers in seinen Unterlagen und ruft ihn an und fragt, wie viel Exemplare der Bibel es noch im gesamten Land gebe. Er erfährt, dass vermutlich kein Exemplar mehr existiert. Mit der Bibel in der Hand geht Montag zu Mildred, die freudig erregt ihre Freundinnen erwartet, und sagt ihr, dass er vermutlich die letzte Bibel in der Hand hält, die es in ihrem Erdteil gibt. Mildred erwartet, dass er das Buch Beatty aushändigt. Montag malt sich die Schwierigkeiten aus, die es geben würde, wenn er die Bibel gegen ein anderes Buch austauschen würde, und überlegt, von der Bibel eine Abschrift machen zu lassen, bevor er sie Beatty gibt. Seine Frau fragt er, ob der Weiße Clown, der am Abend im Fernseher zu sehen sein wird, sie liebe. Mit dieser Frage ist sie überfordert. Montag verlässt die Wohnung.

Guy Montag möchte einen geistigen Lehrer

Mildred Montag hat Angst vor Sanktionen

3.2   Inhaltsangabe

Guy Montag fährt mit der U-Bahn zu Faber und erinnert sich an eine Begebenheit seiner Kindheit: Als er Sand in ein Sieb schaufelte, um es zu füllen (S. 107). Die Fahrgäste werden mit Zahnpasta-Werbung beschallt. Montag hält die Bibel in der Hand, liest darin und setzt Bibelzitate gegen die sich penetrant wiederholende Werbung. Schließlich brüllt er gegen die Werbung an. Die übrigen Fahrgäste sind entsetzt, einer schlägt vor, den Zugführer zu holen. Als die Bahn an der Haltestelle zum Stillstand kommt, verlässt Montag das Abteil.

Faber will Montag zunächst nicht ins Haus lassen. Erst nachdem Montag geschworen hat, dass er allein ist, öffnet Faber die Tür und lässt Montag hinein. Montag bittet Faber, ihm zu helfen. Faber wiederum bittet um die Bibel. Beinahe andächtig hält er sie schließlich in Händen und mokiert sich darüber, dass Christus inzwischen zu einer Werbefigur gemacht worden ist. Dann bezeichnet er sich selbst als Feigling, weil er einst nichts gegen das Verschwinden und Verbrennen der Bücher unternommen hätte. Montag sagt Faber, dass er einen Menschen zum Zuhören brauche und dass er von ihm lernen möchte, wie man liest, und dass er glaube, dass der Welt die Bücher fehlen. Faber nennt ihn einen hoffnungslosen „Schwärmer" (S. 113) und macht ihm klar, dass ihm nicht die Bücher fehlen, sondern der Inhalt, und dass Erkenntnis auch durch andere Medien verbreitet werden könnte. Faber erklärt, dass ihnen drei Dinge abhanden gekommen sind: Qualität der Aussage, Muße zur Reflexion und Handlungsfreiheit.

Montag sucht Faber auf

Montag macht Faber den Vorschlag, Bücher zu beschaffen und mittels einer Druckerpresse selbst Bücher herzustellen. Faber lehnt ab. Aus Spaß sagt Faber, dass sie Bücher herstellen sollen, um diese dann landesweit in die Wohnungen der Feuerwehrleute zu schmuggeln und sie dann gegeneinander auszuspielen. Montag präzisiert den Plan: Bücher sollten in die Häuser der Feuerwehr-

Montag und Faber wollen Bücher drucken lassen

3.2 Inhaltsangabe

leute geschmuggelt werden, um dann nach einer Anzeige deren Häuser anzuzünden. Zu diesem Zweck solle eine Art Untergrundbewegung gebildet werden. Faber schlägt vor, den Menschen das Lesen und so das Denken nahezubringen, und schränkt sich gleich wieder ein, da eine Kulturrevolution durchgeführt werden müsse. Ein Bombergeschwader fliegt über die Stadt, was Faber zu der Bemerkung hinreißt, dass sich ihre derzeitige Kultur selbst zerstört. Montag erwidert, dass dann jemand bereitstehen muss. Für Faber ist dies ein Ausdruck von Weltfremdheit und er schickt Montag nach Hause, um die „letzten Stunden" dort zu verbringen (S. 120). Der will nicht aufgeben und fragt Faber, ob er die Bibel gerne besitzen möchte. Faber bejaht und Montag beginnt Seiten aus dem Buch herauszureißen. Faber ist entsetzt und will schließlich kooperieren.

Er fragt Montag nach seinen finanziellen Möglichkeiten und bietet ihm an, mithilfe eines arbeitslosen Buchdruckers Bücher herzustellen, die dann vielleicht gelesen werden. Montag hat Angst vor der Konfrontation am Abend mit dem belesenen und rhetorisch versierten Beatty und bittet Faber um Hilfe. Faber zögert zunächst, doch dann gibt er ihm eine technische Vorrichtung, die zugleich Sender und Empfänger ist und die ähnlich der Radiomuschel ins Ohr gesteckt werden kann, was Montag umgehend tut. Faber instruiert ihn, die Konfrontation mit Beatty zu suchen, der vielleicht einer von ihnen sei; und versichert Montag, ihm zu soufflieren. Weiter verspricht Faber, mit dem Buchdrucker zu reden und Montag beizustehen. Montag geht. Er sucht eine Bank auf, hebt dort Geld ab und geht nach Hause. Auf dem Weg dorthin spricht er via Sender/Empfänger mit Faber, der ihm aus dem Buch Hiob vorliest (S. 126).

Geistlose Unterhaltung

Am späten Abend kommen die Nachbarinnen Mrs. Phelps und Mrs. Bowles. Zusammen mit Mildred Montag gehen sie ins Wohnzimmer, wo sie gegen den aus den TV-Wänden kommenden Lärm anschreien. Montag folgt ihnen, immer in Kontakt mit Faber, und

3.2 Inhaltsangabe

lobt ihr gutes Aussehen. Faber mahnt ihn zur Vorsicht. Auf den
TV-Wänden wechseln die Aufnahmen in schneller Abfolge: Es sind
auch abgehackte Gliedmaßen und verunfallte Menschen zu sehen.
Die Frauen sind begeistert. Montag stellt den Strom ab und fragt
die Frauen, wann wohl der Krieg ausbrechen werde und wo ihre
Männer seien. Mrs. Phelps erklärt, dass ihr Mann Peter am Vortag
einberufen worden ist, aber nach einem Blitzkrieg in 48 Stunden
wieder zu Hause sein soll. Sorgen mache sie sich keine, sagt Mrs.
Phelps, und erzählt von der Übereinkunft mit ihrem Mann Pete,
der sie gebeten hat, wieder zu heiraten, falls er fallen sollte. Montag schaut sich die Gesichter der Frauen an, die sich unter seinem
Blick unwohl fühlen. Er versucht eine Unterhaltung mit den Frauen
zu beginnen. Sie reden über Kinder, bis Mildred vorschlägt, ihrem
Mann zuliebe über Politik zu sprechen. Mrs. Bowles erklärt, bei der
letzten Präsidentenwahl Präsident Winston Noble und nicht Hubert
Hoag ihre Stimme gegeben zu haben, weil Noble der attraktivere
sei.

> Politisch
> inkompetent

    Montag verlässt wütend den Raum und kommt mit einem Lyrik-
band in der Hand zurück. Faber warnt ihn, doch Montag ist empört
angesichts dessen, was er von den Frauen gehört hat, und will ihnen einen Schreck einjagen. Mildred Montag versucht die Situation
zu retten und sagt, dass einmal im Jahr jeder Feuerwehrmann ein
Buch nach Hause bringen und daraus vorlesen darf, um zu zeigen, wie überflüssig Bücher sind. Dies sei heute der Fall und Guy
würde ein Gedicht vorlesen und das Buch dann vernichten. Faber
rät Montag zum Vorlesen. Montag liest Auszüge aus dem Gedicht
Doverstrand[26] (S. 135 f.). Mrs. Phelps beginnt zu weinen. Mrs. Bowles wird wütend und bezeichnet Gedichte als „Gefühlsduselei" und

> Montag liest
> den Frauen ein
> Gedicht vor:
> *Doverstrand*

---

26 *Dover Beach*. Lyrik des englischen Poeten Matthew Arnold (1822–1888). Vgl. Kapitel 5 Materialien, S. 116.

3.2   Inhaltsangabe

Guy Montag als „Ekel" (S. 136). Faber befiehlt Montag, das Buch zu verbrennen, was Montag tut. Mildred tröstet Mrs. Phelps und fordert sie auf, die TV-Wände anzuschalten. Mrs. Bowles kündigt an, nach Hause zu gehen und nie wieder das Haus der Montags zu betreten. Montag beschimpft sie sehr unfreundlich, wobei er ihr ihr bisheriges Leben mit drei Ehen, mehreren Abtreibungen und ihrem lieblosen Verhältnis zu ihren Kindern vor Augen hält. Die Freundinnen sind gegangen und Mildred nimmt im Badezimmer Schlaftabletten. Faber nennt Montag einen Narren (S. 137). Montag nimmt sich die Kapsel aus dem Ohr.

Hinter dem Kühlschrank findet Montag die von Mildred versteckten Bücher; einige hat sie bereits vernichtet. Montag versteckt die restlichen Bücher in einem Gebüsch im Garten. Er kommuniziert wieder mit Faber, der Mitleid von ihm fordert für „die anderen" (S. 139) und der ihn mahnt, sich nicht so hinreißen zu lassen von seiner Wut. Dann fordert er ihn auf, zur Feuerwache zu gehen und dort besonnen zu agieren und vor allem am Leben zu bleiben (S. 140) – und Beatty reden zu lassen.

Bei Beatty auf der Feuerwache

Die Hütte des Mechanischen Hunds ist leer, als Montag zur Feuerwache kommt. Beatty erwartet ihn, begrüßt ihn spöttisch und streckt die Hand nach dem Buch aus. Montag gibt es ihm, Beatty wirft es weg und animiert die Feuerwehrleute zu einer Partie Poker. Montag fühlt sich äußerst unwohl. Beatty traktiert ihn virtuos mit literarischen Zitaten und unterstellt ihm revolutionäre Gedanken. Beatty gibt zu, sie auch einst gehabt zu haben. Er berichtet Montag von einem Traum, in der sich beide ein Streitgespräch geliefert hätten über Bücher. Wieder setzt Beatty virtuos literarische Zitate ein, worauf Montag mit einer erhöhten Herzfrequenz reagiert. Via Sender/Empfänger wird er von Faber ermutigt durchzuhalten (S. 145). Beatty erzählt Montag das Ende des Traums, in dem Montag, verloren in der Welt der Bücher, schließlich in die Welt der

3.2 Inhaltsangabe

Bücherverbrenner zurückkehrt. Faber redet beruhigend auf Montag ein. Montag will Faber schon laut antworten, doch ein Alarm schneidet ihm das Wort ab. Beatty nimmt die Adresse aus dem Alarmmelder und die Gruppe macht sich auf zu dem Haus, das verbrannt werden soll. Montag denkt an die Frauen und daran, wie dumm es gewesen war, ihnen aus einem Buch vorzulesen. Und er denkt, dass er nicht weiter Bücher verbrennen kann. Dann halten die Feuerwehrleute vor seinem Haus.

Montags Haus soll verbrannt werden

Dritter Teil – *Helles Feuer*

Hauptmann Beatty äußert sich spöttisch über Montag und Clarisse McClellan. Mildred erscheint mit einem Koffer in der Hand, ignoriert ihren Mann und fährt mit einem Taxi davon. Stoneman und Black schlagen die Fenster des Hauses ein. Auf die Frage Fabers, was los sei, antwortet Montag, dass es ihm „an den Kragen" gehe (S. 152). Beatty bezieht dies auf sich, höhnt weiter und philosophiert über das Feuer. Montag betritt sein Haus und sieht die Bücher auf dem Boden ausgebreitet. Beatty will ihn zwingen, jedes Buch einzeln zu verbrennen. Faber rät ihm zur Flucht. Montag hat Angst vor dem Mechanischen Hund. Er verbrennt die Bücher, das Mobiliar, das Haus. Beatty kündigt an, dass er nach Abschluss seines Tuns verhaftet ist.

Montag muss sein eigenes Haus verbrennen

Montag und die Feuerwehrmänner stehen vor der Asche des verbrannten Hauses. Von Beatty erfährt Montag, dass er von seiner Frau angezeigt worden war, allerdings vorher auch schon von Mrs. Phelps und Mrs. Bowles. Von Montag will er wissen, warum er den Frauen vorgelesen hat. Faber fordert Montag erneut zur Flucht auf. Beatty bemerkt, dass Montag seinen Kopf schräg hält, und schlägt ihn so hart, dass der Sender/Empfänger aus Montags Ohr hinaus auf den Gehsteig fällt. Beatty wittert eine Verschwörung und kündigt an, Faber aufsuchen zu wollen. Daraufhin verbrennt ihn Montag mit

Montag verbrennt Beatty und flieht

3.2 Inhaltsangabe

dem Flammenwerfer, Stoneman und Black schlägt er zusammen (S. 158 f.). Plötzlich ist der Mechanische Hund da und greift ihn an. Zwar kann Montag die Tiermaschine mit seinem Flammenwerfer zerstören, allerdings sticht sie ihm vor der Zerstörung noch ins Bein. Die Betäubung greift schnell und Montag humpelt in eine kleine Seitenstraße. Er schimpft sich einen Idioten (S. 161) und überlegt, sich der Polizei zu stellen. Er verwirft den Gedanken, kehrt zum Gartenzaun seines Hauses zurück und nimmt die dort verbliebenen vier Bücher an sich. Montag hinkt in das Gässchen zurück, fällt hin und weint um Beatty. Dabei ist er plötzlich überzeugt, dass Beatty sterben wollte (S. 162). Als er Schritte hört, rappelt er sich auf und schleppt sich weiter. Mit einer Radiomuschel, die er in seiner Tasche findet, hört er den Fahndungsaufruf der Polizei nach ihm. Er beschließt, zunächst zu Faber zu fliehen und von dort aufs Land hinauszukommen. In der Ferne steigen Polizeihubschrauber auf.

Montag auf der Flucht vor der Polizei

Montag wird beinahe überfahren

Montag sucht die Toilette einer Tankstelle auf, wo er sich Gesicht und Hände wäscht. Im Radio hört er, dass es zur Kriegserklärung gekommen ist (S. 165). Montag verlässt die Toilette und steht vor einer breiten Straße, die er überqueren muss. Er rechnet sich Chancen aus, die Straße zu überqueren, ohne vorsätzlich überfahren zu werden, und betritt die Straße. Der Wagen nähert sich ihm mit großer Geschwindigkeit und der Fahrer versucht, Montag zu überfahren. Montag stürzt, der Wagen dreht ab und verschwindet. Aus dem Wagen dringt Gelächter. Montag realisiert, dass es Jugendliche gewesen waren, die sich auf diese Art die Zeit vertreiben, und fragt sich, ob es die sind, die Clarisse McClellan umgebracht haben (S. 169). Montag nimmt die verstreuten Bücher wieder an sich und verschwindet in der Dunkelheit. Wieder kommt der Wagen angerast, doch Montag hat die Straße schon verlassen.

3.2 Inhaltsangabe

Montag schleicht sich in das Haus seines Feuerwehrkollegen Black, versteckt die Bücher in der Küche und verlässt das Haus wieder. Dann sucht er eine Telefonzelle auf und zeigt Black an. Er wartet, bis ein Feuerwehrkommando erscheint und Blacks Haus niedergebrannt wird.

Montag zeigt Black an und lässt dessen Haus verbrennen

Montag erreicht Fabers Haus, der sich freut, dass Montag noch am Leben ist. Montag berichtet von den Ereignissen der letzten Stunden, bedauert, dass er Fabers Leben durcheinanderbringt. Doch Faber fühlt sich erstmals wieder lebendig. Montag gibt Faber hundert Dollar. Der zögert zunächst, das Geld anzunehmen, dann erzählt er Montag von einem Wanderlager von Akademikern und beschreibt den Weg dorthin. Bei ihnen soll Montag zunächst bleiben und dann wieder in St. Louis Kontakt mit Faber aufnehmen. Faber selbst will in der Frühe dorthin reisen und den Buchdrucker aufsuchen. Montag will aufbrechen. Faber schaltet einen kleinen Fernseher an und zusammen schauen sie die aktuellen Nachrichten. Dort wird von der Fahndung nach Montag berichtet: Polizeihubschrauber und ein neuer Mechanischer Hund werden dabei zum Einsatz kommen. Faber wird es unheimlich zumute. Montag malt sich aus, was geschehen würde, bliebe er bei Faber sitzen. Im TV sieht Faber, wie der Mechanische Hund den Hubschrauber verlässt. Montag steht auf und erklärt Faber, wie er seinen Geruch aus der Wohnung verbannen könne. Außerdem bittet er Faber um einen Koffer mit alter, schmutziger Kleidung. Diesen Koffer nimmt er zusammen mit einer Flasche Whisky an sich, dann verschwindet er durch die Hintertür und läuft Richtung Fluss.

Letzter Besuch bei Faber

Um Atem zu holen, bleibt er stehen, schaut sich um und sieht den Mechanischen Hund vor Fabers Haus kurz innehalten und weitergehen. Er klemmt sich die Radiomuschel ins Ohr und hört, dass die Polizei die Bevölkerung zur Mithilfe bei der Suche nach ihm auffordert. Zeitgleich sollen die Menschen aus den Türen oder Fens-

Flucht vor dem Mechanischen Hund

3.2 Inhaltsangabe

tern schauen. Die Stimme zählt bis zehn und tatsächlich öffnen sich die Türen und Fenster und die Menschen erscheinen und halten Ausschau nach ihm. Gerade noch rechtzeitig ist Montag am Fluss angelangt. Dort entkleidet er sich, benetzt Beine, Arme und Kopf mit Whisky, zieht die alte Kleidung Fabers an und gleitet ins Wasser. Kurz danach erscheint der Mechanische Hund am Ufer, über ihm kreist ein Hubschrauber, der den Uferbereich ausleuchtet. Montag lässt sich den Fluss hinabtreiben und wird ruhig dabei, bis er schließlich ans Ufer gespült wird. Die Stille nimmt ihn gefangen und er denkt an seine Frau und daran, ob sie die Stille wohl ausgehalten hätte (S. 185). Er imaginiert einen Aufenthalt auf einem Bauernhof und betritt schließlich das Ufer. Zwei Augen schauen ihn an und voller Panik denkt er an den Mechanischen Hund und schreit. Es ist aber nur ein Reh, das seinerseits panisch davon läuft.

Montag trifft auf Grangers Gruppe
Montag entdeckt das Eisenbahngleis und folgt seinem Verlauf. Eine halbe Stunde später bemerkt er ein Feuer, nähert sich ihm, bleibt stehen und betrachtet die Szenerie: Männer sitzen um das Feuer herum und einer von ihnen fordert Montag schließlich auf, zu ihnen zu kommen. Er trifft auf fünf alte Männer, von denen der mit Namen Granger der Sprecher der Gruppe zu sein scheint. Dieser gibt Montag zunächst einen Kaffee und dann eine Art Getränk, das den Geruch des Schweißes verändert, sodass der Mechanische Hund Montag nicht riechen kann.

Ein anderer Mann stirbt anstelle Montags
Dann berichtet er Montag von der Fahndung nach ihm, die jetzt in der Gegenrichtung verläuft. Granger stellt das kleine TV-Gerät an und kündigt an, dass die Polizei in Kürze jemanden an Montags Stelle verhaften wird, da er ihnen entwischt ist, was die Polizei nicht zugeben kann. Tatsächlich tötet der Mechanische Hund einen harmlosen Spaziergänger, den die Polizei anscheinend schon überwacht hatte. Kurz danach meldet der Ansager, dass Montag

3.2   Inhaltsangabe

tot und die Fahndung abgeschlossen ist: „Ein Staatsverbrechen ist
gesühnt worden." (S. 195)

Nachdem sich der entsetzte Montag gefangen hat, stellt ihm
Granger die übrigen Männer der Gruppe vor, die aus Geisteswissenschaftlern und einem Theologen besteht, und lädt ihn ein, sich
der Gruppe anzuschließen. Unter ihnen ist Dr. Simmons, der begonnen hatte, sich mit dem Memorieren von einmal Gelesenem zu
befassen. Das Verfahren ist inzwischen ausgereift und so sind die
Männer in der Lage, sich Gelesenes zu merken: Werke von Platon,
Marc Aurel etc. Sie sind nicht die Einzigen, es gibt eine Organisation
mit weiteren Mitgliedern, die gelesene Werke memorieren können.
All diese Leute warten auf das Kriegsende, um dann eine Kultur auf
der Grundlage humanistischer Werte zu rekonstruieren. Alles das
berichtet Granger und schlägt vor, vorsichtshalber flussabwärts zu
ziehen (S. 200).

Wandernde Bibliotheken

Montag fragt die Männer, warum sie ihm trauen würden. Einer
der Männer antwortet, dass er eine Art Staatsfeind sein muss, da
seinen Verfolgern so daran gelegen war, ihn festzusetzen. Auf dem
Weg flussabwärts mustert Montag die Männer, als suche er in ihren
Gesichtern Zeichen von Erkenntnis.

Düsenflugzeuge fliegen über die Männer hinweg. Diese schau-
en auf die Stadt zurück und Montag erzählt von seiner Frau Millie
und seinen mangelnden Gefühlen. Granger erzählt vom Tod seines geliebten Großvaters, den er sehr vermisst und der ihn sehr
inspirierte. In diesem Augenblick wird die Stadt mit einem Bom-
benhagel vernichtet. Montag denkt an Faber, an Clarisse, an seine
Frau. Er imaginiert Mildreds letzte Minuten und ihm fällt wieder ein,
dass sie sich in Chicago kennengelernt hatten. Die Druckwelle fegt
über die Männer hinweg. Nach einiger Zeit tritt Stille ein. Langsam
stehen die Männer auf. Die Stadt ist zerstört. Die Männer nehmen
gemeinsam eine Mahlzeit zu sich. Granger referiert den Phoenix-

Die Stadt wird vernichtet

3.2   Inhaltsangabe

Montag und die
Gruppe kehren in
die Stadt zurück

Mythos[27] (S. 212) und gibt seiner Hoffnung Ausdruck, dass die Menschen irgendwann einmal aufhören mit ihrem zerstörerischen Verhalten. Dann machen sie sich auf den Weg in die Stadt. Montag geht voran.

---

27 Ein in der ägyptischen Mythologie als heilig verehrter Vogel, der sich alle 500 Jahre selbst auf einem Scheiterhaufen verbrennt und verjüngt aus der Asche aufsteigt. Vgl. Kapitel 3.6.

3.3 Aufbau

ZUSAMMEN-FASSUNG

Fahrenheit 451 besteht aus drei Kapiteln:
→ Erster Teil – *Häuslicher Herd und Salamander*
→ Zweiter Teil – *Das Sieb und der Sand*
→ Dritter Teil – *Helles Feuer*

In diesen Kapiteln finden sich unterschiedliche Handlungs-schwerpunkte und dynamische Personenkonstellationen. Die einzelnen Teile sind durch einen Spannungsbogen miteinander verknüpft.

Dem Roman vorangestellt ist – neben der Information zum Buchtitel (S. 6) und dem Zitat von Juan Ramón Jiménez (S. 7) – *„Eine neue Einleitung"* (S. 9 ff.); Ray Bradburys Nachwort *„Feuerspracht"* (S. 215 ff.) beschließt ihn. Einleitung und Nachwort sind für die Analyse des Aufbaus nicht relevant.

Fahrenheit 451 besteht aus den drei Kapiteln:
→ *Häuslicher Herd und Salamander*
→ *Das Sieb und der Sand*
→ *Helles Feuer*.
Innerhalb der drei Kapitel gibt es unterschiedliche Handlungs-schwerpunkte in Kombination mit einer dynamischen Personen-konstellation.

Drei Kapitel

In Teil I, *Häuslicher Herd und Salamander*, wird der totalitäre Staat und seine manipulierte Gesellschaft vorgestellt: Bücherver-brennungen der *firemen*[28], Denunziation und Konsumpropaganda.

Erster Teil: Guy Montag, Clarisse, Mildred und Beatty

---

28 Im englischsprachigen Original ist der verwendete Begriff *firemen*, was mit Feuerwehrleute, aber auch mit Heizer übersetzt werden kann.

3.3 Aufbau

Der Handlungsschwerpunkt liegt auf der **Freundschaft Montags mit Clarisse McClellan** sowie der Beziehungen zu seiner Frau **Mildred** und zu seinem Vorgesetzten Hauptmann **Beatty**. Die Schlüsselhandlung dieses Kapitels ist die **Selbstverbrennung der alten Frau** (S. 56 ff.).

Zweiter Teil: Montag, Faber und Beatty

In Teil II, *Das Sieb und der Sand*, liegt der Handlungsschwerpunkt auf der **Beziehung Montags zu Professor Faber**, durch den er die Kraft zum Widerstand bekommt, und auf **Montags Konfrontation mit Beatty**, der sich als dessen Gegner entpuppt.

Dritter Teil: Montag und Granger

In Teil III, *Helles Feuer*, schließlich liegt der Schwerpunkt auf der **Flucht Montags** sowie der Beziehung zwischen ihm und Granger und den Intellektuellen.

Diese drei Kapitel geben dem Roman nicht nur seine Statik, sondern „strukturier[en] die Veränderung des Protagonisten vom Ausgangspunkt über den eingeschlagenen Weg zum Endpunkt seiner geistigen und sozialen Entwicklung."[29]

Spannungsbogen

Ein **Spannungsbogen** sorgt für die Kohärenz der einzelnen Kapitel, also für den **Zusammenhalt der einzelnen Kapitel** zu einem erzählerischen Ganzen. Der Spannungsbogen besteht aus folgenden markanten erzählerischen Stationen:

I. *Häuslicher Herd und Salamander*
→ Begegnung zwischen Guy Montag und Clarisse McClellan
→ Anschlagen des Mechanischen Hundes auf Guy Montag
→ Feuertod der alten Frau
→ Tod Clarisse McClellans
→ Ambivalentes Verhalten von Hauptmann Beattys: Freund oder Feind?

---

29 Heuermann, S. 272.

3.3 Aufbau

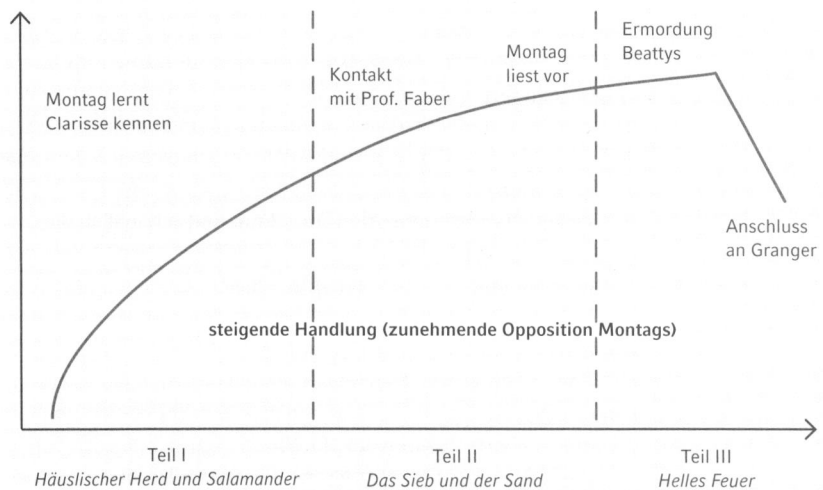

II. *Das Sieb und der Sand*
→ Unterstützung Montags durch Professor Faber
→ Montag liest Mrs. Phelps und Mrs. Bowles Lyrik vor
→ Konfrontation mit Beatty

III. *Helles Feuer*
→ Ermordung Beattys durch Montag
→ Montags Flucht
→ Montag trifft auf Granger und seine Gruppe

Die sich im Roman ereignende Handlung wird durch die **Freundschaft zwischen Guy Montag und Clarisse McClellan** ausgelöst. Hier kann der Ursprung des Spannungsbogens angesetzt werden.

Ausgangspunkt: Montag lernt Clarisse kennen

3.3   Aufbau

Der Spannungsbogen steigt an durch das Anschlagen des Mechanischen Hundes auf Montag (S. 44): Der Leser kann aus der Reaktion der Tiermaschine schließen, **dass sich im Denken Montags
etwas geändert haben muss,** und reagiert mit gespannter Erwar-
tung. Auch das undurchschaubare Agieren Hauptmann Beattys, von
dem man nicht weiß, ob er Montags Freund oder Feind ist, treibt
die Spannung voran. Ein für Montags Denken wichtiges Ereignis
ist die **Selbstverbrennung der alten Frau** und schließlich der Tod
Clarisse McClellans.

Steigende Hand-
lung: Montag und
Faber

Die Spannung wird gehalten durch die Unterstützung Montags
durch **Professor Faber**, der auf Montags Drängen sein geistiger
Lehrer wird, und durch das revolutionäre Verhalten Montags gegenüber Mrs. Phelps und Mrs. Bowles, denen er gegen jede Vernunft
vorliest. Der Leser weiß, dass es nun kein „Zurück" mehr gibt, und
erwartet ein **Fortschreiten der Handlung** – umso mehr, als Montag
sich einer **Auseinandersetzung mit Beatty** stellen muss.

Höhepunkt
(Peripetie):
Montag tötet
Beatty

Der Spannungsbogen findet seinen **Höhepunkt** in der **Ermordung Beattys durch Montag** (S. 158), um dann abzufallen. Stationen der fallenden Handlung sind Montags Flucht und das Aufein-
andertreffen von Montag mit Granger und seiner Gruppe, der er
sich anschließt. **Der Spannungsbogen wird also vom Verhalten
Montags und seiner sozialen Entwicklung getragen.**

3.4 Personenkonstellation und Charakteristiken

Guy Montag
→ Feuerwehrmann im totalitären Staat
→ wendet sich der Literatur zu und stellt sich gegen das System

Hauptmann Beatty
→ Vorgesetzter Montags
→ verachtet die Literatur, die er sehr gut kennt
→ wird von Montag getötet

Mildred Montag
→ staatskonforme Ehefrau Guy Montags
→ TV-abhängig und emotional degeneriert

Clarisse McClellan
→ intelligentes junges Mädchen
→ inspiriert Guy Montag
→ wird getötet

Professor Faber
→ Literaturwissenschaftler
→ unterstützt die Ambitionen Montags

Granger
→ obdachloser Intellektueller
→ will zusammen mit seiner Gruppe den Staat rekultivieren

3.4 Personenkonstellation und Charakteristiken

Alte Frau
→ von einer Nachbarin denunzierte Bücherliebhaberin
→ verbrennt sich zusammen mit ihren Büchern

Mrs. Bowles und Mrs. Phelps
→ geistlose Freundinnen von Mildred Montag
→ zeigen Guy Montag an

Montags Feuerwehrkollegen, Techniker u.a.

Guy Montag

Unglücklich, aber systemtreu

Der Protagonist in Bradburys Roman, Guy Montag, ist dreißig Jahre alt (S. 22) und Feuerwehrmann. Er hat den Beruf nicht bewusst ergriffen, sondern ist einer Familientradition gefolgt (S. 75). Dessen ungeachtet liebt er seinen Beruf (vgl. S. 17; S. 22), der nicht im Löschen von Häusern, sondern im Verbrennen von Büchern besteht. Zumindest redet er sich das ein. Er trägt eine systemtreue Maske und ein unechtes Lachen in diesem gleichgeschalteten Staat zur Schau und ist verwundert, wenn sich seine Hand selbständig macht und Dinge tut, die man von Staats wegen nicht darf.

Schon zu Beginn der Handlung ist Montag unglücklich mit seinem Leben und in der Ehe mit seiner Frau Mildred, die in ihrer eigenen Welt lebt, bestehend aus geistloser TV-Unterhaltung und einem unkontrollierten Tablettenkonsum. So unkontrolliert ist dieser, dass Montag ihr nach seinem Dienst das Leben retten muss, indem er den Notruf wählt (S. 30). Sie haben sich voneinander entfremdet und beide wissen nicht einmal mehr, wann und wo sie sich kennengelernt haben – was Montag im Gegensatz zu seiner Frau bedauert, denn nach wie vor scheint er sie zu lieben (S. 33). In

3.4   Personenkonstellation und Charakteristiken

seiner Unzufriedenheit hat Montag irgendwann begonnen, Bücher vor ihrer Vernichtung zu bewahren, die er in der Lüftungsklappe seines Hauses versteckt (erster Hinweis auf S. 25).

Zwei Ereignisse verändern sein noch weitgehend angepasstes Leben radikal. Da ist einmal die **Begegnung und kurze Freundschaft mit der jungen Nachbarin Clarisse McClellan**, mit der er in der Folge einige Male zusammen spazieren geht. Sie fasziniert ihn durch ihre Beobachtungsgabe, vor allem durch ihre Menschlichkeit und Zuwendung (S. 26 f.). Sie macht ihm erstmals richtig bewusst, dass er unglücklich ist (S. 27): „Er war nicht glücklich. [...] Er trug sein Glück wie eine Maske, und das Mädchen war damit davongelaufen [...]." In ihren Unterhaltungen spricht Clarisse seine Gefühle an (S. 41 f.), was Guy Montag zunächst Probleme bereitet (S. 42). Dann beginnt er, seine Sensitivität zuzulassen, und die Veränderung in seinem Wesen fällt Clarisse sofort auf: „Ihr Lachen klingt viel hübscher als früher." (S. 48) In den wenigen Tagen ihrer Freundschaft beginnt Montag, sich für sich selbst und für sein Leben zu interessieren. Gleichzeitig hinterfragt er die Beziehung zu seiner Frau (S. 64, S. 66) und das Verbrennen der Bücher. Die Ermordung Clarisse McClellans erschüttert und erbittert ihn – und speist seinen Widerstand gegen das System (S. 101).

Fasziniert von Clarisse McClellan

Das zweite einschneidende Ereignis für Montag ist die **Selbstverbrennung der alten Frau**. Sie – das erste menschliche Opfer, das Montag und seine Kollegen zu Gesicht bekommen (S. 57) – kann die Vernichtung ihrer Bücher nicht ertragen und wählt vor den Augen Montags und seiner Feuerwehrcrew den Freitod; nicht ohne den Feuerwehrleuten vorher ihre Verachtung auszudrücken. Diese Haltung beeindruckt Montag tief (S. 94) und er fragt sich, was es auf sich hat mit den Büchern:

Tief beeindruckt von der alten Frau

3.4   Personenkonstellation und Charakteristiken

„Es muss etwas dran sein an den Büchern, etwas, von dem wir uns keine Vorstellungen machen, wenn eine Frau sich deshalb verbrennen lässt; es muss etwas dran sein. Für nichts und wieder nichts tut man das nicht." (S. 74)

Zuwendung zu den Büchern

Die Haltung der Frau und Montags neu erwachte Aufmerksamkeit beginnen seinem Leben eine andere Richtung zu geben, was in diesem Staat im wahrsten Sinne des Wortes „brandgefährlich" ist. **Guy Montag wendet sich den Büchern zu** und sucht in ihnen nach Inspiration und Orientierung (S. 93 ff.). Ungeübt wie er ist, scheitert er bei deren Lektüre (S. 103) und sucht schließlich Hilfe bei Professor Faber. Von ihm weiß er nach einer Begegnung im Stadtpark, dass er ein heimlicher Leser ist. Interessanterweise hat Montag ihn nie angezeigt, obwohl er seine Daten notiert hatte (S. 104). „Schon jetzt ahnte er, dass er den langen Weg angetreten hatte, dass er im Begriff war, sich von dem, was er bisher gewesen, zu lösen und zu entfernen" (S. 139)

Montags Revolution: Entwicklung des Protagonisten

Mit Unterstützung Fabers, der Montags geistiger Lehrer wird, wechselt Feuerwehrmann Montag die Seiten: Er will zusammen mit Faber Bücher drucken und dies auch finanzieren. Die Revolution trägt er zunächst aber ins eigene Haus, indem er Mildred und ihren Freundinnen Mrs. Phelps und Mrs. Bowles den TV-Abend ruiniert, indem er Lyrik vorliest.

Metamorphose: Ermordung Beattys

Damit hat er sich mit dem System angelegt – mit dem System im Allgemeinen und mit seinem Vorgesetzten Hauptmann Beatty im Besonderen. Der reagiert wie erwartet, wusste er doch längst von Montags verbotener Zuwendung zu den Büchern. Entsprechende Warnungen seines Vorgesetzten hatte Montag ignoriert und nun muss er auf Beattys Befehl hin sein altes Leben mit seinem Haus verbrennen (S. 154 f.). Montag geht seinen begonnenen Weg aber konsequent weiter und verbrennt schließlich auch Beatty, weil der

3.4 Personenkonstellation und Charakteristiken

Professor Faber bedroht. Mit den Worten „Wir haben nie *richtig* gebrannt ..." (S. 158) zündet er seinen Vorgesetzten an. Und er versteckt Bücher im Haus seines ehemaligen Feuerwehrkollegen Black und zeigt diesen telefonisch an (S. 107 f.).

Auf der Flucht vor seinen Verfolgern sucht er bei Faber Schutz und zieht ein Resümee, das ihn selbst überrascht und das zeigt, wie sehr er mit seinem alten Leben gebrochen hat (S. 172). *Flucht und Neubeginn*

Schließlich gelangt Montag, abermals mit Unterstützung Fabers, zu einer Gruppe herumziehender Intellektueller um Granger, die auf das Kriegsende warten, um die alte Kultur mit ihren Werten zu restituieren. Als sich ihnen nach dem plötzlichen Krieg die Möglichkeit bietet, ihr Vorhaben zu realisieren, schließt Montag sich ihnen an. Er ist inzwischen ein anderer, wie man aus seiner Reaktion auf den Tod seiner Frau, die eine Repräsentantin des alten Systems war, ableiten kann:

> „,Es ist merkwürdig, ich vermisse sie nicht, es ist überhaupt merkwürdig, wie wenig Gefühl mir geblieben ist', bemerkte Montag. ,Selbst wenn sie umkommt, fiel mir eben ein, werde ich ihr wohl nicht nachtrauern.'" (S. 202)

Hier und da wird in der Sekundärliteratur behauptet, dass der Name Guy Montag eine Anspielung ist auf den katholischen Offizier Guy Fawkes (1570–1606), der am 5. November im Jahr 1605 aus Protest gegen die antikatholischen Gesetze König Jakobs I. sowohl den König als auch das britische Parlament sprengen wollte („Pulververschwörung"). Die Autorin dieser Erläuterung hat allerdings keinen stichhaltigen Nachweis dafür finden können.[30] *Guy Montag: Anspielung auf Guy Fawkes?*

---

[30] Im Gegensatz zu dem fiktiven Guy Montag wurde Guy Fawkes hingerichtet.

3.4 Personenkonstellation und Charakteristiken

Hauptmann Beatty

> „Vergiss vor allem nicht, Montag, wir sind die Glückshüter, du und ich und die andern. Wir stellen uns den wenigen entgegen, die mit ihrem widersprüchlichen Dichten und Denken die Leute ins Unglück stürzen wollen." (S. 87)

Und:

> „Jeder ist geistesgestört, der meint, er könne die Regierung und uns hintergehen." (S. 54)

Selbstbewusster Repräsentant des Staates

Diese Zitate repräsentieren das Selbstverständnis des tüchtigen Hauptmanns Beatty (engl. to beat = schlagen), dessen Obsession das Feuer ist (S. 153). Er versteht sich als Garant persönlichen Glücks und als Sendbote des Staates, womit er sich unangreifbar macht. Dies ist allerdings nur die halbe Wahrheit. Verbrennt Beatty Bücher, so folgt er nicht nur staatlichen Vorgaben, sondern lebt seine Wut auf Bücher aus. Grund dafür ist persönliche Enttäuschung. Wie Montag hatte auch er begonnen zu lesen und ist angeblich enttäuscht worden:

Hat selbst gelesen

> „Nun, Montag, lass dir gesagt sein, ich musste zu meiner Zeit ein paar dieser Schmöker lesen, um zu wissen, woran ich war, und es steht nichts drin! Nichts, was man glauben oder lehren könnte. Sie handeln von Leuten, die es nie gab, von bloßen Hirngespinsten, sofern sie zur schönen Literatur gehören. Und die Fachliteratur ist noch schlimmer, da schilt ein Wissenschaftler den anderen einen Esel, und jeder versucht, den anderen niederzuschreien. Alle rennen sie durcheinander, löschen die Sterne aus und verdunkeln die Sonne. Man weiß nachher weder ein noch aus." (S. 88)

3.4 Personenkonstellation und Charakteristiken

Es müssen mehr als „ein paar dieser Schmöker" gewesen sein und er hat sie auch nicht lesen müssen, denn sonst hätte er sich nicht der Mühe unterzogen, deren Inhalt zum Teil auswendig zu lernen. Dieser Umstand rückt ihn in die Nähe der Gruppe um Granger, mit der er allerdings nichts gemein hat, wie sich im Folgenden noch zeigen wird. Bradbury selbst beschreibt in seinem Vorwort Beatty so:

Verachtet Literatur und Leser

> „Er war ein Bibliothekengänger und Liebhaber großer Literatur gewesen. Aber als ihm die Wirklichkeit zusetzte, als Freunde starben, als eine Liebe scheiterte, als ihn Todes- und Unfälle umgaben, merkte er, dass ihn sein Glaube an die Bücher im Stich gelassen hatte, weil sie ihm nicht helfen konnten, wenn er Hilfe brauchte. Und als er sich ihnen wieder zuwandte, hatte er ein brennendes Streichholz in der Hand." (S. 12–13)

Aus dem wissbegierigen Menschen Beatty ist ein rücksichtsloser Staatsdiener geworden. Er schlägt eine wehrlose alte Frau (S. 56), deren Widerstand er in seiner ideologischen Verblendung nicht ernst nehmen kann (S. 60), und lässt sich höhnisch über Clarisse McClellan aus (S. 152). Das Verhalten der Familie McClellan ist ihm aus ihm zugänglichen staatlichen Geheimakten bekannt. Auch Montag verhöhnt er, so als Montag mit dem zu verbrennenden Buch in der Feuerwache erscheint: „,Kinder', sagte er zu den Kartenklopfern, ‚hier kommt ein wunderlich Wesen, in allen Sprachen Narr geheißen.'" (S. 141)

Leser sind für Beatty Verrückte, ist Literatur doch für ihn Mittel zur persönlichen Profilierung und Manipulation. Eitel wie er ist, gibt er gerne mit seinem Wissen an, so nach der Selbstverbrennung der Frau, als er zur Überraschung seiner Kollegen das Latimer-Zitat der alten Frau (vgl. Fußnote 35) erklärt (S. 61–62). Er gefällt sich in der

Literatur als Mittel zum Zweck

3.4   Personenkonstellation und Charakteristiken

Rolle des Belesenen und sichert sich doch gleichzeitig ab: „‚Ich weiß alles Mögliche‘, bemerkte Beatty. ‚Ein Feuerwehrhauptmann muss das.‘" (S. 62) In der Auseinandersetzung mit Montag überschüttet er diesen mit aus dem Zusammenhang gerissenen literarischen Zitaten, um ihn zu demütigen und zu verwirren (S. 143–145). Dabei ist ihm Literatur Mittel zum Zweck.

Der Literaturwissenschaftler **Professor Faber entzaubert den Manipulator Beatty**: „Er wühlt nur Schlamm auf!" (S. 145) Und er liefert Montag ein präzises Psychogramm des Hauptmannes: „Bedenken Sie aber, dass der Hauptmann zu den gefährlichsten Feinden der Wahrheit und Freiheit gehört, zu der dichtgedrängt stillstehenden Herde der Mehrheit." (S. 146)

Ambivalentes Verhältnis zu Montag

Interessanterweise verhält sich Beatty gegenüber Montag zunächst ambivalent. Einerseits spielt er mit ihm wie die Katze mit der Maus, so in dem Gespräch über den auf Montag reagierenden Mechanischen Hund (S. 45–46). Doch er versucht ihn auch zu schützen. Durch die Anzeigen von Mrs. Phelps und Mrs. Bowles weiß er von Montags Büchern und unternimmt erst einmal nichts (S. 156). Im Gegenteil, er lässt ihm verschlüsselte Warnungen zukommen, so programmiert er den Mechanischen Hund auf ihn (S. 44), den er auch zu ihm nach Hause schickt: „Habe ich dich nicht deutlich genug gewarnt, als ich dir den Spürhund vors Haus schickte?‘" (S. 151) Als Beatty den kranken Montag besucht, scheint sogar ein persönliches Interesse durchzuschimmern: „‚Wir würden dich sehr vermissen‘, bemerkte Beatty und steckte nachdenklich die Pfeife in die Tasche." (S. 89)

Widersprüchlicher Intellektueller

Als Beatty jedoch erkennt, dass Montag tatsächlich die Seiten wechseln will, fährt er mit Wucht auf ihn hernieder. So groß ist seine Wut, dass er Montag jedes seiner Bücher einzeln verbrennen lässt (S. 154). Diese Wut wird ihm schließlich zum Verhängnis. Als er

3.4 Personenkonstellation und Charakteristiken

Montag mit der Verfolgung Fabers droht, geht er einen Schritt zu
weit. Außerdem unterschätzt er die Entschiedenheit Montags und
provoziert ihn zuletzt noch mit einem Shakespeare-Zitat (S. 158):
„Dein Drohen hat kein Schrecken, Cassius, denn ich bin so bewehrt
durch Redlichkeit, dass es vorbeizieht wie der leere Wind, der nichts
mir gilt."[31] Daraufhin wird er von Montag verbrannt. Montag überlegt nach seiner Tat, ob Beatty nicht vielleicht sterben wollte und
ihn deshalb provoziert hat: „Er hatte einfach dort gestanden, ohne
einen ernstlichen Rettungsversuch zu machen, hatte dort gestanden stichelnd, provozierend, dachte Montag, und der Gedanke genügte, um sein Schluchzen zu ersticken und ihn verschnaufen zu lassen." (S. 162) Durch seine Verachtung der Literatur ist **Hauptmann
Beatty die Gegenfigur (= Antagonist) zu Guy Montag**.

Mildred Montag

Guy Montags Ehefrau Mildred steht für das, was die staatlich ver-
ordnete Kulturpolitik aus den Bürgern macht. Ihre Einführung ist
vielsagend:

> „Seine Frau, auf dem Bett ausgestreckt, unbedeckt und kalt, wie
> die Gestalt auf dem Deckel eines Sarkophags, den Blick an fei-
> nen unsichtbaren Drähten starr an die Zimmerdecke geheftet,
> unbeweglich." (S. 27 f.)

Obwohl sie erst 30 Jahre alt ist (S. 41), mutet sie wie eine Mumie
an (S. 71). Wie ihr Körper sind auch ihre Emotionen ausgezehrt, so
bereitet es ihr Spaß, mit dem Auto über Land zu rasen und dabei
absichtlich Tiere zu überfahren (S. 91). Das Sterben von Menschen

Kälte umgibt
Mildred

---

31 Julius Cäsar: 4. Akt, 3. Szene.

3.4 Personenkonstellation und Charakteristiken

ist in ihren Augen eine Bagatelle, so vergisst sie, ihrem Mann vom Tod Clarisse McClellan zu erzählen (S. 70). Von schockierender Kälte ist ihre Reaktion auf den Tod der alten Frau:

> „‚Wir haben tausend Bücher verbrannt. Wir haben eine Frau verbrannt.‘
> ‚Na und?‘" (S. 73)

Lebt in ihrer eigenen Welt mit „ihrer Familie"

Mildred Montag lebt in ihrer eigenen Welt und die besteht aus unkontrolliertem Schlafmittelkonsum, mit dem sie sich auch mal in Lebensgefahr bringt (vgl. S. 30 f.), der Dauerberieselung via Minikopfhörer und – vor allem anderen – dem TV, wo sie gelegentlich bei lächerlich geistlosen TV-Sendungen mitwirkt (S. 37). Zu ihren Favoriten gehört der Weiße Clown, vor allem aber schaut sie die „Familie", die sie der Literatur für überlegen hält, wie sie ihrem Mann in einer Diskussion zu verstehen gibt:

> „‚Meine ‚Familie' dagegen‘, sagte Mildred, ‚besteht aus Leuten. Sie erzählen mir was, ich lache, sie lachen mit. Und dann die Farben!‘" (S. 101)

Mildred interessiert sich für „Leute" – nicht für Menschen; sie will auf primitive Art unterhalten werden (S. 127 f.), hat dabei keinerlei kulturelle Interessen. Ihr höchstes Ziel ist eine vierte TV-Wand für ihr Wohnzimmer, obwohl die dritte noch nicht einmal abgezahlt ist. Wie ihr Mann das finanziert, ist ihr, die anscheinend nicht zum Familienunterhalt beiträgt, egal:

> „‚Und ich finde, du könntest ab und zu auch einmal auf mich Rücksicht nehmen. Wenn wir eine vierte Wand hätten, dann wäre es doch, als gehörte dieses Zimmer gar nicht uns, sondern al-

3.4   Personenkonstellation und Charakteristiken

len möglichen fremden Leuten. Wir könnten das ja an ein paar
anderen Dingen einsparen.'" (S. 38)

Mildred Montag, die keine Kinder haben wollte (S. 47), geht die   Die „Familie"
„Familie" über alles. „Nur die ‚Familie' gilt als Welt'", bringt es
Guy Montag auf den Punkt (S. 115). So besessen ist seine Frau von
dieser Sendung, dass sie echte Gefühle gar nicht mehr erreichen.
Sie reagiert auf eine entsprechende Frage ihres Mannes („Liebt
dich der Weiße Clown?" S. 106) ohne jedes Verständnis. Mildred
ist „wie eine verschneite Insel" (S. 29) und ihr Mann friert in ihrer
Gegenwart (vgl. S. 27, 64).

Als ihr Mann Guy einen Fernsehabend mit ihren gleichsam ein-
fältigen Freundinnen Mrs. Bowles und Mrs. Phelps ruiniert und
stattdessen ein Gedicht vorliest, zeigt sie ihn schließlich an und
verlässt ihn. Dass er vorher Bücher im Haus versteckte und sie damit in Gefahr brachte, genügte nicht zu einem derartigen Schritt.
Doch das Ruinieren des Fernsehabends bringt für die medial be-
einflusste Mildred das Fass zum Überlaufen. Angesichts der ange-
rückten Feuerwehr bedauert sie nicht etwa das Zerbrechen ihrer
Ehe, sondern den Verlust der „Familie":

> „Sie schob den Koffer in das wartende Taxi und stieg ein, wobei
> sie ständig vor sich hin brabbelte. ‚Die arme Familie, die arme
> Familie, ach, alles ist im Eimer, alles, alles weg …'" (S. 152)

Das Selbst Mildred Montags hat sich im Laufe der Jahre genauso   Persönlichkeits-
reduziert wie ihr mit Diäten malträtierter Körper, so kann sie sich   verlust
beispielsweise nicht daran erinnern, wann sie ihren Mann kennengelernt hat, was sie typischerweise wieder ziemlich gleichgültig
lässt („Es ist ja einerlei.", S. 65). Sie ist die für diesen Staat ty-
pische Bürgerin, sich selbst entfremdet und inhuman. Dabei hält

3.4 Personenkonstellation und Charakteristiken

sie sich bis auf gelegentliche „Koller" (S. 91) für glücklich. Dieses Glück sieht sie in Gefahr, als Guy Montag sie bittet, mit ihm Literatur zu lesen. Angesichts der Bücher reagiert sie, „als sei plötzlich ein Rudel Mäuse aus einem Loch hervorgekommen" (S. 92). Von ihm geschlagen und inständig gebeten, lässt sie sich widerstrebend auf das Lesen ein, aber natürlich versteht sie nichts und es macht ihr Angst (S. 101).

Gegenfigur zur lebendigen und warmherzigen Clarisse

Der Krieg bereitet dem Leben von Mildred ein Ende. In der Vision Guy Montags **stirbt sie bei einem Bombenangriff** allein in einem Hotelzimmer, selbstverständlich die „Familie" schauend (S. 207 f.). Mildred Montag, die staatskonform nie etwas in Frage stellt, ist in ihrer Kälte und Stumpfheit die Gegenfigur zu Clarisse McClellan.

Clarisse McClellan

Wach und sensibel

Clarisse McClellan wird in das Romangeschehen eingeführt wie ein Geschöpf aus einer anderen Welt:

> „Das Gesicht war schmal und milchweiß, und es lag eine feine Neugier darin, die alles unermüdlich aufsaugte, ein ständiges Staunen sozusagen; der dunkle Blick war so auf die Welt geheftet, dass ihm auch nicht die leiseste Regung entging." (S. 19)

Sie steht kurz vor ihrem siebzehnten Geburtstag (S. 41), den sie nicht erleben wird, denn mordlustige Jugendliche bringen sie um (vgl. S. 194). Der Staatspräsident dürfte dabei applaudiert haben, denn Clarisse McClellan ist das, was dem Staat und seinen Repräsentanten lästig ist, nämlich ein wacher und sensibler Mensch: „Sie wollte nicht wissen, *wie* etwas gemacht wird, sondern *warum*" (S. 86), äußert sich Hauptmann Beatty (allwissend) über sie.

Mit ihren Eltern und einem Onkel lebt sie in der Nachbarschaft der Montags. Vor allem der Onkel scheint einen großen Einfluss auf

3.4   Personenkonstellation und Charakteristiken

sie zu haben, denn sie beruft sich oft auf ihn (vgl. S. 51). Der Staat
lässt die Familie McClellan, und so auch Clarisse, überwachen, weil
deren Einstellung höchst suspekt ist (S. 86).

Clarisse McClellan verweigert sich geistlosen Unterhaltungen
wie TV und Rummelplätzen und unternimmt stattdessen Spaziergänge: „Manchmal laufe ich die ganze Nacht umher und schaue
dann zu, wie die Sonne aufgeht." (S. 21) Sie bemerkt den morgend-
lichen Tau auf dem Gras (S. 24), sie beachtet die Natur in Form von
Gras und Blumen (S. 23), sie genießt den Regen (S. 39), beobachtet
Vögel und sammelt Schmetterlinge (S. 40). Außer ihrem Interesse
an der Natur ist sie von erstaunlichem Einfühlungsvermögen (S. 26).
Vor allem ist sie an wirklichen Gesprächen interessiert und nicht an
belanglosen Wortwechseln. So tadelt sie Montag, weil er unüberlegt
auf ihre Fragen antwortet (S. 23). Sie hat ein verblüffendes Gefühl
für Menschen, so auch für Montag, bei dem sie Widersprüchlich-
keiten zwischen dem, was er fühlt, und dem, was er tut, feststellt:

> „Als ich etwas vom Mond sagte, gestern Nacht, haben Sie zum
> Mond aufgeschaut. Das würden die andern nie tun. Die würden
> weglaufen und mich reden lassen. […] Sie sind einer der weni-
> gen, die mich dulden. Deshalb finde ich es so merkwürdig, dass
> Sie bei der Feuerwehr sind. Es passt einfach nicht zu Ihnen."
> (S. 41 f.)

Clarisse ist eine **komplexe Persönlichkeit** und so überrascht es
nicht, dass sie – auf Betreiben des Staates – einen Psychiater kon-
sultieren muss:

> „Ich muss jetzt zu meinem Psychiater. Sie schicken mich hin.
> Ich denke mir jedes Mal aus, was ich ihm Schönes erzählen
> könnte. Was er wohl von mir hält? Er behauptet, ich sei eine

*Erstaunlich ein-
fühlsam und
warmherzig*

*Versuchte
Gehirnwäsche*

3.4   Personenkonstellation und Charakteristiken

richtige Zwiebel. Er hat alle Hände voll zu tun, die verschiedenen
Schichten abzupellen.'" (S. 40)

**Wird von Jugend-
lichen getötet**

Vermutlich ist sie scharfsinniger als ihr Psychiater, denn sie formuliert eine klare Analyse der herrschenden Verhältnisse: Sie demas-
kiert die Rolle des Sports als Mittel, die Ausbildung eines Bewusstsein zu verhindern; sie stellt Unterrichtskonzepte infrage, die ein
reflektiertes Lernen ausschließen; sie benennt die Gewalttätigkeit
ihrer Altersgenossen, vor denen sie sich fürchtet (S. 48 f.)[32]. Von
ihnen wird sie vermutlich auch umgebracht, denn es ist ein belieb-
ter Zeitvertreib junger Leute, mit ihren Autos absichtlich Spaziergänger zu überfahren (vgl. S. 168).

**Inspiriert Montag
und bringt ihn
zum Nachdenken**

Clarisse McClellan ist ein außergewöhnlicher und bewusst han-
delnder Mensch („Ich habe ein Verantwortungsgefühl, müssen Sie
wissen.", S. 50) mit einer großen Wirkung auf Guy Montag. Mit ihrer
Frage, ob er glücklich ist (S. 25), trifft sie ihn in seinem Innersten
und gleichzeitig inspiriert sie ihn und schärft sein Bewusstsein. Mit
ihren Wachheit, Sensibilität und Wärme ist Clarisse McClellan die
Gegenfigur zur abgestumpften und kalten Mildred Montag.

Professor Faber

**Literaturwissen-
schaftler**

Professor Faber bezichtigt sich der „Feigheit" (S. 123). Doch als
er von Guy Montag um Hilfe gebeten wird, lässt er ihn nicht im
Stich. Mehr noch, er wächst über sich hinaus und beginnt sich im
Widerstand gegen die Kulturpolitik des Staates zu engagieren.

Der Wissenschaftler ist Montag bereits ein Jahr vor dem Geschehen im Stadtpark begegnet (S. 25). Dort hatte der alte Mann ein Buch
gelesen und versucht, es vor Montag zu verstecken. Montag ließ ihn

---

32   Traurige Aktualität von Bradburys Fiktion Jahrzehnte später: Gewalttätige Jugendliche verüben
Amokläufe an Schulen; zahlreiche Tote durch Schusswaffengebrauch.

3.4 Personenkonstellation und Charakteristiken

gewähren und es entwickelte sich „eine seltsam stille Begegnung"
(S. 103), in deren Verlauf Faber mutig wurde, Gedichte rezitierte
und Montag schließlich seine Adresse aufschrieb: „Für Ihre Kartei',
bemerkte er, ,falls Sie davon Gebrauch machen wollen." (S. 104)
Dabei ging er davon aus, dass sie sich, eventuell während Montags
Berufsausübung, wiedersehen würden: „Damals im Park, als wir
beieinandersaßen, wusste ich, dass Sie eines Tages vorbeikommen
würden, mit Feuer oder Freundschaft, je nachdem." (S. 123)

Faber ist Professor für englische Literatur und seit 40 Jahren oh- Rückzug in die
ne Lehrauftrag, da die philosophische Fakultät geschlossen worden innere Emigration
war. Seinen Lebensunterhalt finanziert er erfolgreich mit Börsenge-
schäften. Der intelligente Mann ist ein präziser Beobachter seiner
Zeit. „Die Leute haben von selbst aufgehört zu lesen" (S. 119), sagt
er, und er selbst hat sich mit der Geistlosigkeit arrangiert und sich
in die innere Emigration zurückgezogen, wofür er sich im Grunde
genommen verachtet (S. 112). Trotz seines Rückzugs ins Private
hat Faber jedoch nichts von seinem präzisen Urteilvermögen verloren. So analysiert er genau die Bedürfnisse Montags: „Was Sie
brauchen, sind nicht Bücher, sondern einiges von dem, was einst
in Büchern stand." (S. 113) Faber begründet glasklar, warum die
Bevölkerung sich nicht gegen die Bücherverbrennungen wehrt:

> „Sehen Sie nun, warum Bücher gehasst und gefürchtet wer-
> den? Sie zeigen das Gesicht des Lebens mit all seinen Poren.
> Der Spießbürger will aber nur wächserne Mondgesichter ohne
> Poren, ohne Haare, ohne Ausdruck." (S. 114)

Faber ist ein **begabter Hobbyelektroniker** und fertigt so Kleinst-
geräte an, die im Kurzwellen-Frequenzbereich sowohl als Sender
als auch als Empfänger eingesetzt werden können. Damit versucht
er Montag vor Beatty zu schützen, dessen Wesen er schließlich

3.4 Personenkonstellation und Charakteristiken

durchschaut: „Montag, halten Sie durch! [...] Er wühlt nur Schlamm auf!" (S. 145) Montags irrationales Verhalten gegenüber der Nachbarinnen Mrs. Phelps und Mrs. Bowles kann er allerdings nicht verhindern.

Wird von Montag zum Widerstand animiert

Als Montag mit seinen subversiven Ideen in Fabers Leben tritt, versucht er sich zunächst zu schützen („,Ohne mich!' Fabers Haltung versteifte sich.", S. 116), dann lässt er sich darauf ein. Dies tut er nicht nur, weil Montag vor seinen Augen Seiten aus der Bibel reißt, um seine Kooperation zu erzwingen, sondern weil es ihm ein inneres Bedürfnis ist. In der Folge verliert er seine Angst und fühlt sich „wieder quicklebendig" (S. 173).

Verlässt seine innere Emigration und handelt

In Lebensgefahr gerät er, als Beatty seine Verbindung mit Montag recherchieren lassen will, was Montag durch seinen Mord an Beatty verhindert. Als Montag danach zu ihm flieht, lässt Faber ihn nicht im Stich und weist ihm den Weg zur Gruppe um Granger. Er selbst verlässt sein inneres Exil und macht sich nach St. Louis auf, um Kontakt mit einem Buchdrucker aufzunehmen, der Werke der Weltliteratur drucken soll, wie er es zusammen mit Montag überlegt hatte. In St. Louis will er mit Montag wieder Kontakt aufnehmen.

Granger

Vom Staat verachteter Intellektueller

Granger ist Geistes- oder Gesellschaftswissenschaftler, vielleicht Soziologe.[33] Diese akademische Ausbildung macht ihn im Staat der Dummen und Angepassten zu einem Außenseiter, denn der Staat ist nicht daran interessiert, ihm eine angemessene Position zuzuweisen, da er denkende Menschen verachtet.[34] Entsprechend sind

---

33 Soziologie: Wissenschaft vom Zusammenleben der Menschen in einer Gemeinschaft oder Gesellschaft. Der Titel des von Granger verfassten Buches, *Die Finger im Handschuh; das angemessene Verhältnis zwischen Einzelmensch und Gesellschaft* (S. 196) weist auf eine soziologische Ausrichtung hin.

34 Im Jahr 2018 könnte man diesbezüglich eine Parallele ziehen zwischen der Fiktion Bradburys und den Verhältnissen in den USA: Präsident Trump, der Intellektuelle offensichtlich missachtet, diskreditiert kritischen Journalismus mit seinem Schmähpreis *Fake News Awards*.

3.4   Personenkonstellation und Charakteristiken

die Lebensumstände Grangers. Die Feuerwehr hat seine Bibliothek verbrannt, wobei einer der Feuerwehrmänner von ihm geschlagen wurde (S. 196). Nun zieht Granger wie ein Vagabund durch das Land, zusammen mit anderen Geisteswissenschaftlern und einem Theologen, auf die der Staat ebenfalls glaubt verzichten zu können (S. 195 f.). Zusammen mit vielen anderen Intellektuellen gehören sie zu einer Organisation, über deren Mitglieder sich Granger so äußert: „Tausende auf den Straßen und Bahngleisen, nach außen hin Landstreicher, inwendig eine Bibliothek." (S. 199)

Führt eine Gruppe Akademiker an

Tatsächlich haben diese Menschen ihre Bücher vor deren Vernichtung auswendig gelernt und tragen sie jetzt im Kopf mit sich herum, und das nicht aus bloßem Selbstzweck, wenn man den Ausführungen Grangers folgt:

> „Es geht uns nur darum, uns die Kenntnisse, die wir einmal benötigen werden, zu sichern und zu erhalten. Vorläufig sind wir noch nicht darauf aus, irgendjemanden aufzuwiegeln oder Ärger zu erregen." (S. 198)

Der kluge Granger, der auch mit Professor Faber bekannt ist, weiß, dass seine Zeit kommen wird, denn er geht davon aus, dass sich die Verhältnisse durch den Krieg ändern werden:

Wollen den Staat re-kultivieren

> „Gegenwärtig haben wir eine fürchterliche Aufgabe; wir warten, bis der Krieg ausbricht und ebenso schnell wieder vorbei ist. Das ist nicht erquicklich, aber was soll's, wir sind nur eine überzählige Minderheit, die Rufer in der Wüste. Wenn der Krieg vorbei ist, können wir der Welt vielleicht von Nutzen sein." (S. 199)

Das sind nicht die Worte eines Träumers, denn Granger hat einen klaren Blick auf den Staat. Sehr genau durchschaut er dessen perfide

Nimmt Montag in die Gruppe auf

3.4   Personenkonstellation und Charakteristiken

Strategien, seine Bürger für dumm zu verkaufen und sich selbst
unangreifbar zu machen. Bei der erfolglosen Hatz auf Montag sagt
Granger scharfsinnig voraus, dass ein anderer Mann an Montags
Stelle getötet werden wird, damit der Staat das Gesicht wahren kann
– was dann ja auch geschieht (vgl. S. 193 f.). Montag wiederum
imponiert Granger, da er versucht hat, Texte der Bibel auswendig
zu lernen (S. 196). So schlägt Granger Montag vor, sich ihm und
der Gruppe anzuschließen. Als die Stadt dann tatsächlich vernichtet
wird, machen sich Granger und seine Gruppe dorthin auf, wo sie
einmal gewesen ist: „Man wird uns dort brauchen." (S. 211) Montag
lässt er vorangehen.

Alte Frau

Die alte Frau ist eine von ihrer Nachbarin denunzierte Bücherliebhaberin. Sie weiß genau, was das Auftauchen Beattys und seiner
Leute bedeutet, und reagiert zunächst, „als hätte sie soeben einen
schweren Schlag über den Kopf bekommen" (S. 56). Dann zitiert sie
einen 1555 in Oxford wegen Ketzerei verbrannten Würdenträger,
womit sie auf ihren eigenen, von ihr gewählten Tod anspielt:

Stolz und
unbeugsam

> „Seid ein Mann, Meister Ridley; wir werden heute, so Gott will,
> in England eine Kerze anzünden, wie sie wohl nie mehr auszu-
> löschen ist." (S. 56)[35]

In der Folge zeigt sie **Haltung und Würde**. Von Beatty geschlagen,
lässt sie sich trotzdem nicht dazu herab, ihm zu sagen, wo ihre
Bücher sind (S. 56). Überhaupt scheint sie die Situation zu kon-
trollieren, jedenfalls wirkt sie auf die Männer irritierend: „Es war

---

35 Das Zitat nimmt Bezug auf den Tod der beiden englischen Reformatoren Hugh Latimer und Ni-
    cholas Ridley, die 1555 unter der Herrschaft der katholischen Queen Mary I. verbrannt wurden.

gegen alle Spielregeln. Montag fand die Frau höchst fehl am Platz. Sie hätte nicht hier sein dürfen, das war ja noch schöner." (S. 58) Als die Feuerwehrleute schließlich im Dachgeschoss des Hauses wüten und die mit Kerosin präparierten Bücher ins Erdgeschoss werfen, kniet sie „inmitten der Bücher, befühlte Leder und Pappe, die sich vollgesogen hatten, las die vergoldeten Titel mit den Fingerspitzen, während sie Montag vorwurfsvoll anblickte" (S. 59). Sie ist nicht bereit, Beatty und seinen Leuten ihre Bücher zu überlassen: „‚Meine Bücher kriegt ihr nicht', erklärte sie." (S. 59) Es sind auch nicht die Feuerwehrleute, die die Bücher anzünden, sondern sie selbst, wobei sie den Feuerwehrleuten ihre ganze Verachtung zeigt (S. 61). Sie verbrennt sich selbst zusammen mit ihren geliebten Büchern. Damit hinterlässt sie bei Montag einen tiefen Eindruck, der ihn zum Nach- und Umdenken bringt.

Verbrennt sich zusammen mit ihren Büchern

Mrs. Bowles

Mrs. Bowles ist eine Freundin und Nachbarin Mildred Montags. Wie zu erwarten sind ihre geistigen Kapazitäten sehr begrenzt, so wählt sie beispielsweise den Kandidaten zum Staatspräsidenten, der ihr äußerlich am besten gefällt (131 f.). Selbstverständlich ist sie ein großer Fan der primitiven und anspruchslosen TV-Unterhaltung, so der „Familie".

Geistig beschränkt

Mrs. Bowles ist zum dritten Mal verheiratet. Der erste Gatte ließ sich scheiden, der zweite verunglückte mit einem Rennwagen (vgl. S. 137). Sie hat vielfach abgetrieben und hat inzwischen zwei Kinder, die sie der Arterhaltung wegen geboren hat, und ihre Beziehung zu ihnen ist bemerkenswert kalt:

Wenig Interesse und Gefühl für ihre Kinder

„‚An neun von zehn Tagen bring ich die Kinder in der Schule unter. Die drei Tage im Monat, die sie zu Hause sind, lassen sich aushalten. Es geht ganz gut; man befördert sie ins Fernsehzim-

3.4 Personenkonstellation und Charakteristiken

mer und knipst an. Es ist wie mit der Wäsche, man stopft sie in die Maschine und knallt den Deckel zu.' Mrs. Bowles kicherte. ‚Natürlich haben sie nicht viel für mich übrig, aber ich erwidere ihre Gefühle herzlich!'" (S. 131)

Hasst Lyrik

Ihrem emotionalen Defizit entsprechend hasst sie Lyrik (S. 133). Auf die Lesung des Gedichts *Doverstrand* durch Montag und die darauf folgenden Tränen ihrer Freundin Klara Phelps reagiert sie nahezu hysterisch, wobei sie in ihrem Ausbruch Lyrik mit Unerfreulichem kombiniert:

> „Mrs. Bowles erhob sich und funkelte Montag an. ‚Sehen Sie! Ich hab's ja gewusst, ich wollte nur die Probe aufs Exempel machen. Ich wusste, dass es so kommen würde. Gedichte und Tränen, hab ich immer schon gesagt, Gedichte und Selbstmord und Weinkrämpfe und Elend, Gedichte und Krankheit; alles nur Gefühlsduselei. Jetzt ist es mal wieder bewiesen. Sie sind ein Ekel, Mr. Montag, Sie sind ein *Ekel*!'" (S. 136)

Zeigt Montag an

Nie wieder will sie „dieses Irrenhaus" (S. 137) der Montags betreten. Sie sorgt dafür, dass es zerstört wird: Zusammen mit Klara Phelps zeigt sie Guy Montag an (S. 156).

Mrs. Phelps

Geistlos und angepasst

Auch Klara Phelps ist Nachbarin und Freundin Mildred Montags und wie sie und Mrs. Bowles angepasst und erschreckend dumm. Nicht nur, dass sie die geistlose TV-Unterhaltung mit Begeisterung konsumiert, sie repetiert gedankenlos die Propaganda und Verlautbarungen der Regierung anlässlich der Einberufung ihres Mannes Peter. Wie eine Sprechmaschine mutet sie dabei an:

3.4 Personenkonstellation und Charakteristiken

„Peter ist gestern einberufen worden. Wird nächste Woche wieder zurück sein, hat das Oberkommando versichert. Blitzkrieg. Achtundvierzig Stunden, hieß es, und jeder ist wieder zu Hause. Das Oberkommando muss es ja wissen. Blitzkrieg. Peter ist gestern einberufen worden, und es hieß, er werde in einer Woche wieder hier sein. Blitz ...“ (S. 128)

Ihrer Angepasstheit entsprechend verfügt sie über keinerlei politische Bildung, so wählt auch sie den Regierungspräsidenten nach dessen Aussehen und medialem Verhalten (S. 131 f.), ein politisches Programm interessiert sie nicht. Auch Kinder interessieren sie nicht; mehr noch, sie mag sie nicht, denn sie richten „einen zugrunde, niemand der bei Trost ist, bekommt Kinder" (S. 131).

Oberflächliche Ehe

Peter ist ihr dritter Ehemann (vgl. S. 137). Die Beziehung zwischen ihr und ihrem derzeitigen Mann ist unverbindlich (S. 129).

Ihre Haltung verleitet Montag dazu, das von der Liebe handelnde Gedicht *Doverstrand* vorzulesen, woraufhin Klara Phelps interessanterweise zu weinen beginnt und sich kaum beruhigen kann (S. 136). Warum sie weint, kann sie nicht sagen. Sie ist so sehr von ihren Gefühlen abgeschnitten, dass sie sie nicht benennen kann. Stattdessen verlässt sie mit ihrer Freundin Mrs. Bowles fluchtartig das Haus der Montags. Danach zeigen beide Guy Montag an (S. 156). Wie Mrs. Bowles ist Klara Phelps mit ihrer Oberflächlichkeit und Dummheit eine Repräsentantin der dystopischen Gesellschaft in Bradburys *Fahrenheit 451*.

Kein Zugang zu ihren Gefühlen

Zeigt Montag an

Der Mechanische Hund

Eine interessante „Figur" in Bradburys *Fahrenheit 451* ist der Mechanische Hund. Die Maschine, bestehend aus Messing, Kupfer und Stahl und weiteren technischen Elementen (vgl. S. 42), ist eine Kombination aus Jagdhund (mit seinem ausgeprägten Jagdtrieb und

3.4 Personenkonstellation und Charakteristiken

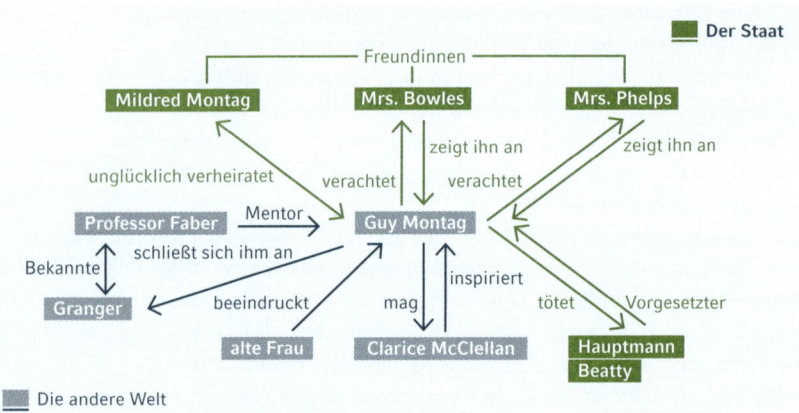

Geruchssinn) und Vogelspinne (achtbeinig und mit der Fähigkeit, blitzschnell und präzise ein tödlich wirkendes Gift zu injizieren). Diese Maschine verhält sich wie ein Lebewesen, freilich wie ein abgerichtetes, konditioniertes Lebewesen: „Er denkt nichts, was wir ihm nicht vorher beigebracht haben." (S. 46) Beigebracht wurde ihm das „Jagen, Aufstöbern und Töten" (S. 46). Dabei richtet er sich ganz nach dem Willen seiner „Herrchen" und tötet Tiere (vgl. S. 43) und auch Menschen (vgl. S. 194).

Die Feuerwehr und Polizei setzt ihn ein, um Bücherbesitzer und andere Abweichler einzuschüchtern, zu verfolgen oder gar zu töten. So ist diese seltsam belebte Maschine ein Handlanger des Staatsapparates. Siehe auch Kapitel 3.6, Stil und Sprache, Themen und Motive, Motiv Der Mechanische Hund.

3.4   Personenkonstellation und Charakteristiken

Weitere Personen im Text: Zwei Techniker/Sanitäter, Montags
Feuerwehrkollegen Stoneman und Black, die Gruppe um Granger
(Fred Clement, Dr. Simmons, Professor West, Pfarrer Padover), Polizisten, TV-Figuren, mit dem Auto umherrasende Jugendliche und
weitere Einwohner der Stadt.

3.5 Sachliche und sprachliche Erläuterungen

Titel	*Fahrenheit 451*	Temperatur, bei der Bücherpapier sich selbst entzündet.[36] Vgl. auch S.6.
Motto	Juan Ramón Jiménez	(1881–1958), spanischer Dichter, Literaturnobelpreisträger von 1956.
Einleitung		
S. 9	Federico Fellini	(1920–1993), berühmter italienischer Filmregisseur.
S. 13	François Truffaut	(1932–1984), berühmter französischer Filmregisseur.
Erster Teil: *Häuslicher Herd und Salamander*		
S. 15	Salamander	Amphibienart. In der antiken Mythologie leben sie auch im Feuer. Im Roman Symbol der Feuerwehrleute (S. 20) und die Bezeichnung für ihr Fahrzeug (S. 148).
S. 17	Kerosin	Petroleumart
S. 22	Millay	Edna St. Vincent Millay (1892–1950), amerikanische Lyrikerin.
S. 22	Melville	Herman Melville (1819–1891), amerikanischer Autor des epochalen Romans *Moby Dick*.
S. 22	Faulkner	William Cuthbert Faulkner (1897–1962), amerikanischer Literaturnobelpreisträger von 1949.
S. 27	Sarkophag	Großer, in einer Grabkammer aufgestellter Sarg.
S. 32	Kontrasedativ	Ein das Zentralnervensystem anregendes Medikament.
S. 45	Phoenixemblem	Phoenix: Mythischer Vogel, der während seines Lebenszyklus immer wieder im Feuer verbrennt und aus der Asche neu geboren wird. Vgl. auch Kapitel 3.6.

36 451° F entspricht 232,78 °C; (C = (F − 32) ÷ 1.8). Forschungen haben gezeigt, dass die Temperatur abhängig von der Beschaffenheit des Papiers ist und eher bei 480° F liegt: http://www.slate.com/articles/health_and_science/explainer/2012/06/ray_bradbury_death_does_paper_really_burn_at_451_degrees_fahrenheit_.html

3.5   Sachliche und sprachliche Erläuterungen

S. 45	Ballistik	Lehre von den geworfenen oder geschossenen Körpern.
S. 55	Benjamin Franklin	(1706–1790), amerikanischer Politiker, Naturwissenschaftler und Schriftsteller.
S. 61	Latimer ... Ridley	Hugh Latimer (ca. 1485/1492–1555), Bischof von Worcester, und Nicholas Ridley (um 1500–1555 in Oxford), Bischof von Rochester, beide Vertreter der Reformation in England, wurden 1555 auf dem Scheiterhaufen verbrannt.
S. 71	Gottesanbeterin	Heuschreckenart: Häufig werden die Männchen nach dem Paarungsakt vom Weibchen verspeist.
S. 73	Dante	Dante Alighieri (1265–1321), bedeutendster Poet des Mittelalters (*Die Göttliche Komödie*).
S. 73	Swift	Jonathan Swift (1667–1745), wichtiger irischer Schriftsteller und Satiriker (*Gullivers Reisen*).
S. 73	Marc Aurel	Marcus Aurelius Antonius, eigentlich Marcus Annius Verus (121–180), römischer Kaiser von 161 bis 180 und Verfasser philosophischer Schriften.
S. 78	Kader	Eine Gruppe von besonders ausgebildeten oder geschulten Personen, die wichtige Funktionen in Partei, Wirtschaft oder Staat haben.
S. 78	Sezessionskrieg	Amerikanischer Bürgerkrieg (1861–1865) zwischen der Union der Vereinigten Staaten (Nordstaaten) und elf aus der Union ausgetretenen konföderierten Südstaaten.
S. 79	*Hamlet*	Tragödie von William Shakespeare
S. 82	Mormonen, Baptisten, Quäker	Christliche Glaubensgemeinschaften
S. 85	*Sambo, das kleine Negerlein*	*Little Black Sambo* (1899): Kinderbuch von Helen Bannerman.
S. 85	*Onkel Toms Hütte*	1852 publizierter Roman der Schriftstellerin und Gegnerin der Sklaverei Harriet Beecher-Stowe (1811–1896).

3.5   Sachliche und sprachliche Erläuterungen

Zweiter Teil: *Das Sieb und der Sand*

S. 105	Plato	Platon, griechischer Philosoph (428/427 v. Chr. bis 348/347 v. Chr.).
S. 105	Jefferson	Thomas Jefferson (1743–1826), Präsident der USA (1801–1809), Verfasser der amerikanischen Unabhängigkeitserklärung.
S. 105	Thoreau	Henry David Thoreau (1817–1862), amerikanischer Schriftsteller und Philosoph; Autor des zivilisationskritischen Romans *Walden oder das Leben in den Wäldern* (1854).
S. 114	Herakles	Figur aus der griechischen Mythologie.
S. 114	Anteus	Riese aus der griechischen Mythologie, der von Herakles erwürgt wurde.
S. 118	Pirandello	Luigi Pirandello (1867–1936), italienischer Schriftsteller, Literaturnobelpreisträger (1934).
S. 118	Shaw	George Bernard Shaw (1856–1950), irischer Dramatiker, Literaturnobelpreisträger (1925).
S. 119	Milton	John Milton (1608–1674), großer englischer Dichter, verfasste *Paradise Lost* (1667).
S. 119	Sophokles	Großer antiker Dramatiker (ca. 496–405 v. Chr).
S. 121	Aischylos	Großer antiker Dramatiker (525–456 v. Chr.).
S. 121	O'Neill	Eugene Gladstone O'Neill (1888–1953), amerikanischer Dramatiker, Literaturnobelpreisträger (1936).
S. 134	*Doverstrand*	*Dover Beach*. Gedicht des englischen Poeten Matthew Arnold (1822–1888). Siehe Kapitel 5 Materialien, S. 116.
S. 142	Hiob, Ruth	Bücher des Alten Testaments.
S. 143	Sir Philip Sidney	(1554–1586), englischer Dichter.
S. 143	Alexander Pope	(1688–1744), berühmter englischer Literat.

3.5   Sachliche und sprachliche Erläuterungen

S. 143	Dr. Johnson	Samuel Johnson (1709–1784), englischer Dichter und Kritiker.
S. 144	Valéry	Paul Ambroise Valéry (1871–1945), französischer Schriftsteller.
S. 145	„Ende gut, alles gut."	Drama von William Shakespeare: *All's Well That Ends Well*.

Dritter Teil: *Helles Feuer*

S. 151	Freund Montag wollte zur Sonne emporfliegen	Anspielung auf den Mythos von Dädalus und Ikarus: Ikarus kommt mit seinen gebastelten Flügeln der Sonne zu nah. Das Wachs schmilzt, die Federn lösen sich und Ikarus stürzt ins Meer.
S. 153	*perpetuum mobile*	Eine hypothetische Maschine, die ständig Arbeit verrichtet, ohne dass man ihr Energie zuführen muss.
S. 195	Harvard-Universität	Renommierte Universität in Cambridge/Massachusetts (USA).
S. 195	Ortega-y-Gasset	José Ortega y Gasset (1883–1955), spanischer Kulturphilosoph.
S. 195	Columbia-Universität	Elite-Universität in New York (USA).
S. 197	Platos *Staat*	Utopische Darstellung einer Staatsform im Werk *Politeia* des griechischen Philosophen Plato.
S. 197	Charles Darwin	(1809–1882), berühmter britischer Naturforscher, Schöpfer der Evolutionstheorie.
S. 197	Schopenhauer	Arthur Schopenhauer (1788–1860), deutscher Philosoph.
S. 197	Einstein	Albert Einstein (1879–1955); in Deutschland geborener Physiker und Physiknobelpreisträger (1921), Begründer der Relativitätstheorie.
S. 197	Dr. Albert Schweitzer	(1875–1965), Theologe, Philosoph, Arzt, Musiker und Friedensnobelpreisträger (1952).
S. 197	Aristophanes	(um 448–385 v. Chr.), bedeutender antiker Dramatiker.

3.5 Sachliche und sprachliche Erläuterungen

S. 197	Mahatma Gandhi	Mohandas Karamchand Gandhi (1869–1948), indischer Freiheitskämpfer; Vater der Strategie des gewaltfreien Widerstandes.
S. 197	Gautama Buddha	Siddhartha Gautama (ca. 563–483 v. Chr.), Begründer des Buddhismus.
S. 197	Konfuzius	Kung-fu-tse (552–479 v. Chr.), chinesischer Philosoph.
S. 197	Thomas Love Peacock	(1785–1866), englischer Schriftsteller.
S. 197	Abraham Lincoln	(1809–1865), Präsident der USA.
S. 197	Matthäus, Markus, Lukas, Johannes	Die vier Evangelisten.
S. 198	Byron	Lord Byron, (1788–1824), englischer Dichter.
S. 198	Tom Paine	Thomas Paine (1737–1809), amerikanischer Publizist und Politiker.
S. 198	Machiavelli	Niccolò Machiavelli (1469–1527), italienischer Staatsphilosoph.
S. 200	Bertrand Russell	(1872–1970), britischer Philosoph und Mathematiker; Literaturnobelpreisträger (1950).
S. 201	Magna Carta	Fundament aller Menschen- und Bürgerrechte, 1215 unterzeichnet von dem britischen König Johann Ohneland (1167–1216).
S. 209	Offenbarung	Offenbarung des Johannes (Apokalypse), letztes Buch des Neuen Testaments, in dem ein Weltuntergangsszenario entworfen wird mit nachfolgender Neuerschaffung der Welt (Reich Gottes).
Feuerspracht (Nachwort)		
S. 215	Robert Frost	(1874–1963), amerikanischer Poet, vierfacher Pulitzer-Preisträger.
S. 216	John Donne	(1572–1631), englischer Schriftsteller.

3.5 Sachliche und sprachliche Erläuterungen

S. 216	Robert Herrick	(1591–1674), englischer Poet.
S. 216	Michelangelo	(1475–1564), Maler, Bildhauer, Architekt und Dichter; bedeutendster Künstler der Renaissance.
S. 216	El Greco	(1541–1614); bedeutender Maler der Spätrenaissance.
S. 216	Renoir	Pierre-Auguste Renoir (1841–1919), bedeutender französischer Maler.
S. 216	Huxley	Aldous Huxley (1894–1963), britischer Schriftsteller. Verfasser des dystopischen Romans *Brave New World* (1932).
S. 216	Picasso	Pablo Ruiz Picasso (1881–1973), wichtiger spanischer Maler, Grafiker und Bildhauer.
S. 216	Keats	John Keats (1795–1821), bedeutender britischer Poet.
S. 219	*Alice im Wunderland*	Kinderbuch des britischen Schriftstellers Lewis Carroll, erschienen 1865.
S. 222	Tutanchamun	Altägyptischer König, regierte etwa 1332–1323 v. Chr.
S. 225	John Huston	(1906–1987), bekannter amerikanischer Regisseur.

3.6 Stil und Sprache

ZUSAMMEN-FASSUNG

→ Bradburys Sprache ist reich an Adjektiven, die den Roman lebendig und anschaulich werden lassen.

→ Er verwendet eine individuell gestaltete Figurensprache, wechselndes Erzählverhalten und zahlreiche Motive, Symbole und ihre Wiederholungen.

Erzählersprache

Bradbury verwendet viele Adjektive. Dadurch wird der Roman bildhaft, lebendig und anschaulich.

Zahlreiche Adjektive

„Er trat aus dem Gebäude und ging die mitternächtliche Straße entlang zur U-Bahn, wo der Lufttriebzug lautlos durch den geölten Kanal unter der Erde glitt und ihn mit einem Schwall schaler Wärme entließ und der gelbgekachelten Rolltreppe übergab, die zur Vorstadt emporlief." (S. 18)

Kontraste

Diese zitierten Zeilen evozieren nächtliche Trostlosigkeit. Ein weiteres Beispiel für dieses erzählerische Vorgehen ist die Beschreibung der nach Kerosin riechenden Feuerwehrleute (vgl. S. 20) und ihrer blau gefärbten Haut (S. 53). Dadurch erscheinen sie wie Wesen aus einer anderen (dunklen) Welt. Kontraste wie hell-dunkel (zum Beispiel Clarisse in einem weißen Kleid; S. 19) – die schwarzhaarigen Feuerwehrkollegen Montags mit den Namen Stoneman und Black (S. 53 ff.) oder kalt-warm (Mildred–Clarisse) verstärken die bildhaften Eindrücke beim Leser.

Wichtige Symbole im Text

Bradburys bildreiche Sprache in *Fahrenheit 451* wird durch die Verwendung von Symbolen und Motiven verstärkt (vgl. Tabelle

3.6   Stil und Sprache

S. 91 ff.). Die wichtigsten Symbole sind das **Feuer**, der **Phönix** und
die **Schlange**:

→ Ein wichtiges Symbol ist natürlich **das Feuer**, das von Bradbury
   wechselhaft eingesetzt wird und Montags Wandlung von einer
   Stütze des Systems zum Revolutionär begleitet. Zunächst steht
   das Feuer als Symbol für eine die Bücher zerstörende Macht
   (S. 17), dann für die Entfachung von Empathie („Montag sagte
   bloß: 'Wir haben nie *richtig* gebrannt...'" S. 158). Dies markiert
   den Übergang zu einer anderen Interpretation bzw. Deutung
   des Symbols. Nach seinem Akt der Selbstbefreiung sieht Montag (und auch der Leser) das Feuer mit anderen Augen:

   „[...] und es war ein seltsames Feuer, weil es ihm etwas
   anderes bedeutete. Es brannte nicht, es wärmte! [...] Er hatte
   nicht gewusst, dass Feuer so aussehen konnte. Nie in seinem
   Leben war ihm der Gedanke gekommen, dass es nicht nur
   nehmen, sondern auch geben konnte. Selbst sein Geruch war
   anders." (S. 190)

Dies schafft eine Verbindung zu einem **Kindheitserlebnis von Guy**   Das Wärmende
Montag: einer Kerze

   „Einmal, als er noch ein Kind war, hatte seine Mutter bei einem
   Stromausfall eine letzte Kerze gefunden und angezündet, und
   für eine kurze Stunde hatten sie wiederentdeckt, wie bei solcher Beleuchtung der Raum seine weite Dimension verlor, und
   behaglich um sie zusammenschnurrte, und beide, Mutter und
   Sohn, waren wie verwandelt gewesen, hatten gehofft, der Strom
   möge nicht so bald wieder einsetzen..." (S. 22)

3.6 Stil und Sprache

Auch in der Darstellung Hauptmann Beattys nutzt Bradbury die **Symbolik des Feuers**. Sie dient der Beschreibung des Mannes und seines Tuns (S. 60): Das Feuer in Verbindung mit Beatty ist als Symbol der Reinigung zu interpretieren, indem er als Feuerwehrhauptmann mit seinen Männern dem Staat unliebsame Dinge und Menschen beseitigt. Montag richtet den Feuerstrahl schließlich gegen Beatty und beseitigt diesen, der ihm als Hindernis auf seinem neuen Weg entgegensteht (S. 158). Die Symbolik der Reinigung bleibt unverändert, allerdings hat sie einen positiven Charakter angenommen, da mit Beattys Tod der Weg frei wird für Montag und seine Idee von einem besseren Leben.

→ **Der Phönix** ist der in der ägyptischen Mythologie heilige Vogel, der sich alle 500 Jahre selbst verbrennt und verjüngt der Asche entsteigt. Dieses Symbol lässt sich Montag zuordnen, der mit der Einäscherung seines Hauses und der Ermordung Beattys sein altes Leben verbrennt und fortan ein anderes Dasein führen wird.

→ Ein weiteres interessantes Symbol ist **die Schlange**. In der Literaturwissenschaft steht es u. a. für den Tod. In *Fahrenheit 451* findet es sich in Kombination mit Mildred (S. 30, vor allem S. 60). Diese Symbolik ist so zu verstehen, dass Mildred mehr und mehr ihr Selbst verliert. Außerdem verweist es vorausdeutend auf ihren Tod am Ende des Romans.

Neben den Symbolen ist Bradburys Text von einer Vielzahl an Fremdtexten durchsetzt (vgl. dieses Kapitel, S. 96 ff., und Kapitel 3.5, S. 78 ff.).

3.6   Stil und Sprache

Figurensprache

Die Figurensprache dient der **Darstellung des Personencharakters**. Außerdem kann aus der Figurensprache das soziale Umfeld der jeweiligen Person abgeleitet werden. Die Figuren in *Fahrenheit 451* sprechen unterschiedlich.

Unterschiedliche Figurensprache

Hauptmann Beatty beispielsweise ist ein Sprachvirtuose. Er ist in der Weltliteratur zuhause, die er oft und gerne zitiert (S. 142 f.), kann spöttisch sein („‚Kinder‘, sagte er zu den Kartenklopfern, ‚hier kommt ein wunderlich Wesen, in allen Sprachen Narr geheißen.‘" S. 141), er kann dozieren (S. 78 ff.) und er kann verhöhnen, was allerdings nicht gut für ihn ausgeht (S. 158).

Guy Montags Sprache ist zunächst die eines Suchenden, dann die eines Menschen, der die Selbstbestimmung und autonomes Handeln für sich entdeckt. Er fragt nach den Verhältnissen und danach, was sie aus den Menschen machen (S. 66). Unter dem Einfluss Fabers und unter dem Eindruck der Geschehnisse ändern sich seine Fragen:

> „‚Faber?‘
> ‚Ja?‘
> ‚Ich denke nicht selber, ich führe nur aus, was man mir sagt, wie immer. Sie sagten mir, dass ich das Geld holen soll, und ich hab's geholt. Selber wäre es mir nicht eingefallen. Wann fange ich an?‘
> ‚Sie haben schon angefangen, indem Sie sagten, was Sie eben gesagt haben. Sie werden mir aufs Wort glauben müssen.‘" (S. 125)

Von solch einem Sprechen ist **Mildred Montag** weit entfernt. Ihr Sprechen ist geprägt vom Konsum anspruchslosester TV-Unterhaltung, deren Diktion (Superlative) sie übernimmt: „‚Ist die Show nicht großartig!‘ rief Mildred." (S. 127); „Einen Mordshunger hab ich."

3.6   Stil und Sprache

(S. 35); Ist das nicht ein Mordsspaß, Guy?" (S. 37); „‚Knalleffekt.'
Mildred nickte. (S. 79)

    Ihr sprachliches Gegenstück ist **Clarisse McClellan**, deren
Sprache auf Nachdenken und Reflexion verweist, wie das Beispiel
ihrer Analyse der gesellschaftlichen Verhältnisse (S. 48 f.) erkennen
lässt.

Erzählform und Erzählverhalten

Erzählform

Bei der **Erzählform** wird differenziert zwischen **Er-Form und Ich-
Form**, wobei hinsichtlich der Ich-Form zwei Erzählertypen zu unterscheiden sind:

Ich-Form 1:
Ohne zeitlichen
Abstand

→ Der erste Ich-Erzählertyp erzählt **ohne einen zeitlichen Abstand vom Geschehen**, er weiß nicht mehr als der Leser.
   Erzählendes und erlebendes Ich sind weitgehend identisch.
   Entsprechend verfügt dieser Ich-Erzählertyp im Allgemeinen
   außer in Bezug auf sich selbst nur über Außensicht. Er nimmt
   einen internen *point of view* mit personalem Erzählverhalten
   ein.

Ich-Form 2:
Mit zeitlichem
Abstand

→ Der zweite Typ des Ich-Erzählers erzählt **mit einem deutlichen
   zeitlichen Abstand**, der ihn mehr wissen lässt als der Leser.
   Das erzählende Ich ist nicht identisch mit dem erlebenden Ich,
   deshalb hat dieser Ich-Erzählertyp (außer in Bezug auf sich
   selbst) nur Außensicht zur Verfügung mit einem externen *point
   of view*. Sein Erzählverhalten ist demzufolge neutral oder sogar
   auktorial. Der Ich-Erzähler dieses Typs eignet sich insbesondere zur quasi-autobiographischen Erzählung des eigenen
   Lebens gegen dessen Ende.

Hinsichtlich des **Erzählverhaltens** unterscheidet man folgende
Dreier-Typologie:

3.6   Stil und Sprache

→ **Auktoriales Erzählverhalten**: Der Erzähler gibt sich als Instanz   Erzählverhalten
zu erkennen. Er kommentiert, reflektiert und urteilt. Auf der
Grundlage eines externen *point of view* offenbart er ein umfas-
sendes Wissen über das Erzählte. Dies schließt die Innensicht,
Wissen um Vorgeschichte und zukünftige Entwicklungen
ein.

→ **Neutrales Erzählverhalten**: Der Erzähler gibt sich nicht als
eigenständige Instanz zu erkennen, sein Verhältnis zum Erzählten ist unspezifisch somit neutral. Dieses Erzählverhalten
neigt zum externen *point of view*, aber nicht notwendig zur
Innensicht.

→ **Personales Erzählverhalten**: Der Erzähler nähert sich erkenn-
bar dem Standpunkt der erzählten Figur an. Dies gilt besonders
dann, wenn er mit Innensicht erzählt. Darbietungsformen
personalen Erzählverhaltens sind erlebte Rede und der innere
Monolog. Beim inneren Monolog wird ausschließlich der
point of view der Figur abgebildet, es kommt also nur das zum
Ausdruck, was die Figur denkt, fühlt oder wahrnimmt. Bei
konsequenter Anwendung dieser Erzähltechnik kommt es zu
Assoziationen in freie Abfolge, was mit dem Terminus *stream
of consciousness* beschrieben wird.

Erzählt wird *Fahrenheit 451* in der Er-Form mit auktorialem, neutra-   *Fahrenheit 451*:
lem und personalem Erzählverhalten. Ein Beispiel für das **auktoriale**   Wechselndes
Erzählverhalten ist das Wissen der erzählenden Instanz über die   Erzählverhalten
erste Begegnung Guy Montags mit Professor Faber im Park einige
Zeit vor dem eigentlichen Geschehen (S. 103 f.).
   Wechselrede zeigt ein **neutrales Erzählverhalten** an, wofür fol-
gendes Beispiel steht:

3.6   Stil und Sprache

> „Beatty fuhr fort, als sei nichts geschehen. ‚Du bist doch fürs
> Kegeln zu haben, Montag?'
> ‚Kegeln, sicher.'
> ‚Und Golf?'
> ‚Golf ist auch ein schöner Sport.'
> ‚Basketball?'
> ‚Ein schöner Sport.'
> ‚Billard, Fußball?'
> ‚Alle sehr schön.'" (S. 81 f.)

Beispiele für den inneren Monolog und somit für **personales Erzählverhalten** finden sich ebenfalls im Text:

> „Nein, ich will retten, was zu retten ist, will tun, was zu tun
> übrig bleibt. Wenn ich schon auf dem Scheiterhaufen brennen
> soll, sollen wenigstens noch ein paar andere mit dran glauben.
> Augenblick mal!" (S. 161)

Themen und Motive

Motivwieder-
holungen dienen
der Verknüpfung

Motive sind die kleinsten Einheiten der Romanhandlung. Bradbury arbeitet mit zentralen Motiven, die sich wiederholen. Erste Eindrücke, die der Leser bei der Rezeption gewinnt, können sich durch
die Motivwiederholungen verdichten und so eine erzählte Welt for-
men. Gleichzeitig sorgen die Motivwiederholungen für die Verbindung der einzelnen Kapitel miteinander, so dass durch diese Art
der narrativen Verknüpfung schließlich ein **komplexes erzähleri-
sches Ganzes** entsteht. Beispiele und Effekt der wichtigsten Motive
werden repräsentativ im Folgenden dargestellt und erläutert.

3.6 Stil und Sprache

MOTIV	ERSTNENNUNG	WIEDERHOLUNG (AUSWAHL)	EFFEKT
Der Mechanische Hund	„Der Mechanische Hund schlief und schlief doch nicht, lebte und lebte doch nicht, in seiner sachte summenden, sachte vibrierenden, sanft erhellten Hütte in einem dunklen Winkel der Feuerwache." (S. 42)	„Montag berührte die Schnauze. Ein Knurren des Hundes. Montag fuhr zurück. Der Hund erhob sich halb in der Hütte und funkelte ihn mit den plötzlich lebendig werdenden, blaugrünen Neonlichtern an." (S. 44); „,Er hat etwas gegen mich', sagte Montag. ,Wer? Der Hund?' Der Hauptmann besah sich seine Karten. ,Ach was, der Hund hat gar nichts, weder für noch gegen. Er funktioniert bloß. Gehört in die Ballistik. Seine Bahn bestimmen wir, er folgt ihr, und damit fertig. Er geht auf sein Ziel los, trifft es und schaltet dann ab. Schließlich besteht er nur aus Kupferdraht, Batterien und Strom.'" (S. 45); „,Eigentlich traurig', meinte Montag. ,Alles, was wir ihm beibringen, ist Jagen, Aufstöbern und Töten. Es ist doch ein Jammer, wenn das alles ist, was er je kennen wird.'" (S. 46); „Der Mechanische Hund, dachte er. Der Hund ist heute Nacht dort draußen. Er steht jetzt vor dem Haus." (S. 71); „,Montag, können Sie nicht weg? Laufen Sie!' ,Nein!', rief Montag verzweifelt. ,Der Mechanische Hund! Wegen des Hundes!'" (S. 154); „Er wandte sich um, und da stand der Mechanische Hund. [...] Mit einem einzigen erstaunlichen Satz, mindestens ein Meter über Montags Kopf, kam es auf ihn herab, die Spinnenbeine ausgestreckt, die Prokainnadel fletschend wie einen bösartigen Zahn" (S. 159); „Der Hund rührte nicht an die Welt. Er	Das Motiv des Mechanischen Hundes repräsentiert den Umgang des Staates mit seinen Bürgern. Das Zitat S. 42 steht für die Existenz einer Instanz. Durch die Beschreibung des Mechanischen Hundes, der immer wachsam zu sein scheint, schimmert etwas Bedrohliches. Die Zitate S. 45 und 46 charakterisieren ihn als Hüter des Systems. Die Zitate S. 44, 71, 154 und 179 repräsentieren die Überwachung und Bedrohung des Bürgers durch das System. Die Zitate S. 159 und 194 stehen für die Bestrafung der Bürger, die sich dem System gegenüber illoyal verhalten. Der Mechanische Hund fungiert hier als Exekutor. Hier ist es wichtig, sich bewusst zu machen, dass der Hund in der Regel den besten Freund des Menschen repräsentiert. Im Text sind die Verhältnisse umgekehrt. Der Hund ist ein Feind der Menschen. Da der Hund gleichzeitig den Staat repräsentiert, kann auf einen inhumanen Staat geschlossen werden.

3.6   Stil und Sprache

MOTIV	ERSTNENNUNG	WIEDERHOLUNG (AUSWAHL)	EFFEKT
		trug seine Stille mit sich, so dass sich diese Stille hinter dem Fliehenden zu einem Druck verdichtete. Montag fühlte den Druck immer deutlicher und lief." (S. 179); „Verdutzt blieb der Ahnungslose stehen, eine Zigarette in der Hand. Er starrte den Hund an, ohne zu wissen, was das war. Er würde es auch nie erfahren." (S. 194)	
Montags Hand/ Hände	„Das Messingrohr in der Hand, […] fühlte er das Blut in seinen Schläfen pochen, und seine Hände waren die eines phantastischen Dirigenten, der eine Symphonie des Brennens und Sengens aufführte, um die kärglichen Reste der Kulturgeschichte vollends auszutilgen." (S. 17)	„Montag hatte nichts getan. Seine Hand hatte alles allein getan. Seine Hand, mit eigenem Willen, mit eigenem Wissen und Gewissen in jedem zitternden Finger, war zum Dieb geworden. […] Verstört betrachtete er die weiße Hand." (S. 58); „Irgendjemand irgendwo wird mir wieder zu meinem früheren Gesicht und meinen früheren Händen verhelfen." (S. 107); „Montags Hand griff nach der Bibel. Er merkte, was die Hand getan hatte und schien verblüfft." (S. 120); „In Beattys Gegenwart war sich Montag seiner Hände überdeutlich bewusst. Sie hatten sich schuldig gemacht und fanden nun keine Ruhe, mussten immer etwas zu tun haben oder versteckten sich in den Taschen, um sich Beattys Blick zu entziehen, der wie eine Stichflamme brannte." (S. 142); „Montag erkannte die Bestürzung, die sie verrieten, und er blickte selbst auf seine Hände hinab, was sie jetzt schon wieder angestellt hatten. Wenn er später daran zurückdachte, konnte er nie genau sagen, ob es die Hände gewesen waren	In der Literaturwissenschaft ist die Hand sowohl ein Symbol der Macht und Gewalt als auch ein Symbol von Kraft und schöpferischer Aktivität. Beide Bedeutungen finden sich hier wieder. Das Zitat S. 17 steht für den machtvollen Aspekt. Fühlen und Denken Montags befinden sich in Übereinstimmung. Das Zitat S. 58 steht für eine Veränderung, für eine Disharmonie zwischen Denken und Handeln. Das Zitat S. 107 repräsentiert diese Disharmonie und verweist auf eine zukünftige Einheit. Die Zitate S. 120 und S. 142 stehen für den Konflikt Montags mit sich selbst. Das Zitat S. 157 eröffnet die Möglichkeit der Interpretation, dass Montag Fühlen und Handeln in Übereinstimmung gebracht hat: indem er Beatty verbrennt.

3.6 Stil und Sprache

MOTIV	ERSTNENNUNG	WIEDERHOLUNG (AUSWAHL)	EFFEKT
		oder Beattys Bestürzung, was ihm den endgültigen Anstoß gegeben hatte." (S. 157)	
„Verwandtschaft"/ „Familie"	„Nun, war da nicht eine Wand zwischen ihm und Mildred, wenn man es bedachte? Buchstäblich nicht nur *eine* Wand, sondern drei, vorläufig! [...] Und diese Onkels, diese Tanten, die Cousins und Cousinen, die Nichten und Neffen, die in diesen drei Wänden lebten, das ganze schnatternde Pack von Affen, das nichts sagte, nichts, nichts, und es laut sagte, laut, laut. Er hatte sie von Anfang an ,die Verwandtschaft' getauft." (S. 66)	„,Nein, mir war nicht gut.' Er hörte die ,Verwandtschaft' in der Stube lärmen." (S. 71); „,Stell bitte das Wohnzimmer ab', bat er. ,Das ist doch meine Familie.'" (S. 71); „,Christus gehört heute zur ,Familie'." (S. 111); „,Nur die ,Familie' gilt als Welt.' ,Wie bitte?' ,Meine Frau behauptet, Bücher hätten keine Wirklichkeit.'" (S. 115); „,Wir könnten vorerst ein paar Bücher herstellen und darauf bauen, dass der Krieg alles aus dem Rahmen wirft und uns den nötigen Auftrieb gibt. Ein paar Bomben, und die „Familien' an den Zimmerwänden werden sich verkriechen! In der Stille, die dann entsteht, könnte man unsere Stimme hören.'" (S. 121); „,Sie schob den Koffer in das wartende Taxi und stieg ein, wobei sie ständig vor sich brabbelte. ,Die arme Familie, die arme Familie, ach, alles ist im Eimer, alles, alles weg ...'" (S. 152); „,Er sah sie zu den großen schimmernden Wänden [...] gewandt, die Wände, auf denen die Familie mit ihr sprach und redete und redete, die Wände, auf denen die Verwandtschaft plauderte und plapperte und ihren Namen sagte und ihr zulächelte und nichts sagte von der Bombe, die ein paar Zentimeter, jetzt noch einen Zentimeter, jetzt einen halben Zentimeter vom Dach des Hotels entfernt war." (S. 207)	Dieses Motiv steht für einen vielfachen Verlust. Es ist der Verlust der Stille, der Verlust der Realität, vor allem aber der Kulturverlust. Dafür steht besonders das Zitat S. 111, aber auch das Zitat S. 115. Der Verlust der Stille wird repräsentiert durch die Zitate S. 66, S. 71 (erstes Zitat) und besonders S. 121. Die Zitate S. 71 (zweites Zitat) und S. 152 sowie 207 stehen für einen ausgeprägten Realitätsverlust, der schließlich ins Verderben führt (S. 207).

3.6   Stil und Sprache

MOTIV	ERSTNENNUNG	WIEDERHOLUNG (AUSWAHL)	EFFEKT
Spazier-gänger	„Es ist doch hübsch, um diese Stunde spazieren zu gehen, in der Welt herum-zuschnuppern und herum-zugucken. Manchmal laufe ich die ganze Nacht umher und schaue dann zu, wie die Son-ne aufgeht." (S. 21)	„Mein Onkel wurde ein andermal verhaftet – habe ich Ihnen das schon erzählt? – wegen Fußgängerei.'" (S. 25); „Ich bin immer noch nicht ganz bei Trost. Der Regen tut einem gut. Ich gehe gern im Regen spazie-ren." (S. 39); „Irgendein armer Teufel macht gerade einen Spaziergang. Ein Einzelgänger, ein Sonderling. Glaub nur ja nicht, der Polizei seien die Lebensgewohnheiten solcher Käuze unbekannt, die in der Früh rausgehen, weil es ihnen Spaß macht oder weil sie nicht schlafen können." (S. 193)	Das Motiv des Spazier-gängers steht für Indivi-dualität (Zitate S. 21, 39). Die Zitate S. 25 und S. 193 repräsentieren den Umgang des Staates mit solchen Individuen: Sie werden beobachtet, verhaftet und ggf. als Sündenbock miss-braucht und getötet (S. 25, 193). Aus diesen Zitaten kann auf einen repressiven Staat geschlossen werden.
Suizid	„Soeben kam ein Anruf aus der guten alten Ohrkapsel. Zehn Häuser weiter. Schon wieder jemand, der sich an Pillen über-nommen hat." (S. 32)	„Er hielt inne. ‚Du hast gestern alle Tabletten in deinem Fläschchen ge-nommen.'" (S. 36); „Montag, hast du das schon gehört. In Seattle hat ein Feuerwehrmann den Mechanischen Hund absichtlich auf seinen eigenen chemischen Komplex eingestellt und losgelassen. Was ist *das* wohl für ein Selbstmord?'" (S. 51); „Beatty schnipste mit den Fingern, um das Kerosin zu entzünden. Er kam zu spät. Montag verschlug es den Atem. Voll Verachtung streckte die Frau die Hand aus und riss das Streichholz am Geländer an." (S. 61); „Ich habe noch nie jemanden gekannt, der im Krieg umgekommen wäre. Solche, die sich aus dem Fenster gestürzt haben, ja, wie Glorias Mann letzte Woche, aber in Krieg gefallen? Nein." (S. 129)	Das Motiv des Suizids ver-weist auf die Inhumanität des Staates. Diese Inhumanität lässt die Menschen gleich-gültig gegenüber sich selbst werden (Zitat S. 36), oder aber sie legen, weil sie die Verhältnisse nicht mehr er-tragen können, Hand an sich selbst (Zitate S. 32, 51, 129). Allerdings kann der Suizid auch ein bewusster Aus-druck einer Protesthaltung sein, wie der Selbstmord der alten Frau (Zitat S. 61). Vom Staat kann ein Suizid, der in diesem System inzwischen gewöhnlich ist, auch inse-niert werden, um andere Todesursachen (z.B. Tod im Krieg) zu kaschieren.

3.6 Stil und Sprache

MOTIV	ERSTNENNUNG	WIEDERHOLUNG (AUSWAHL)	EFFEKT
Bomber/ Düsen- flugzeuge	„Die Düsen- bomber, die über ihn hin- wegjagten, hinweg, hin- weg, eins zwei, eins zwei, eins zwei, sechs von ihnen, neun von ih- nen, zwölf von ihnen, einer und noch einer und immer noch einer, nahmen ihm das Schreien ab." (S. 29)	„Das Gebäude erbebte, als ein Ge- schwader von Düsenflugzeugen mit einem einzigen Pfeifen am schwar- zen Nachthimmel vorüberbrauste." (S. 52); „Die Bomber durchkreuzten den Luftraum über dem Haus, immer wieder, röchelnd, raunend, pfei- fend, wie ein riesiger unsichtbarer Ventilator, in der Leere kreisend." (S. 102); „Ein Bombergeschwader war nach Osten geflogen, während die beiden ihr Gespräch führten; erst jetzt hielten sie inne und horch- ten, aufgewühlt von dem Getöse." (S. 119); „Ein Kreischen in der Luft, und die Düsenflugzeuge aus der Stadt waren längst vorüber, ehe die Männer aufblickten." (S. 202); „Ei- gentlich war die Verbombung schon geschehen, als die Flugzeuge ihr Ziel gesichtet und die Bomben bei einer Geschwindigkeit von siebentausend Stundenkilometern abgeworfen hat- ten; schnell, wie der Schwung einer Sense, war der Krieg vorbei." (S. 205 f.)	Das Motiv der immer wieder fliegenden Bomber bzw. Düsenflugzeuge steht für die Bedrohung des Staates durch einen Krieg. Diese Bedrohung ist kein einma- liges Phänomen, sondern geschieht in Permanenz (daher die Wiederholung dieses Motivs). Diese Per- manenz lässt eine Eskalation erwarten, die auch eintritt, wie aus Zitat S. 205 f. ab- geleitet werden kann: die Zerstörung der Stadt.

3.6 Stil und Sprache

Intertextualität

Zitieren von Fremdtexten

In *Fahrenheit 451* verwendet Bradbury eine Vielzahl an Zitaten aus Fremdtexten (vgl. auch Kapitel 3.5 dieser Erläuterung, S. 78). Dieses **Einarbeiten von Fremdtexten** bezeichnet die Literaturwissenschaft als Intertextualität. Dieser Begriff der Intertextualität wurde von der französischen Sprachwissenschaftlerin und Psychoanalytikerin **Julia Kristeva** geprägt. Die Intertextualität sucht nach Beziehungen von Vorgängertexten (sogenannten Prätexten) und fragt nach möglichen Lesarten von Texten vor dem Hintergrund anderer Texte. Das wohl bekannteste Beispiel für Intertextualität ist die *Aeneis* des Vergil, der sich in vielfacher Hinsicht auf Homers *Odyssee* bezieht.

Matthew Arnold

Ein augenfälliges Beispiel für Intertextualität in *Fahrenheit 451* ist das Gedicht *Doverstrand* von Matthew Arnold (S. 135 f.; vgl. auch 5. Materialien, S. 116). Ein weiteres Beispiel ist ein Zitat aus Jonathan Swifts *Gullivers Reisen*:

> „Schätzungsweise haben elftausend Menschen zu verschiedenen Zeiten lieber den Tod erlitten, als dass sie sich bereit erklärt hätten, Eier am spitzen Ende aufzuschlagen." (S. 95)

James Boswell/ Dr. Samuel Johnson

James Boswells Biographie über den **Schriftsteller und Literaturkritiker Samuel Johnson**[37] wird ebenfalls zitiert. Montag versucht in seinem Haus ernsthaft zu lesen und sich seine Beziehung zu Clarisse McClellan zu erklären:

> „Es lässt sich nicht genau angeben, in welchem Augenblick eine Freundschaft entsteht. Wenn ein Gefäß tropfenweise gefüllt wird, kommt zuletzt ein Tropfen, der es zum Überfließen bringt, und

---

37 James Boswell (1740–1795): *Life of Samuel Johnson* (1791).

3.6 Stil und Sprache

ähnlich verhält es sich bei einer Reihe von Freundlichkeiten, wo zuletzt eine kommt, die das Herz zum Überfließen bringt." (S. 99)

Bradbury lässt Hauptmann Beatty *Julius Caesar* von **William Shakespeare** zitieren:

William Shakespeare

> „Dein Drohen hat keine Schrecken, Cassius, denn ich bin so bewehrt durch Redlichkeit, dass es vorbeizieht wie der leere Wind, der nichts mir gilt." (S. 158)[38]

Auch **Bibelzitate** finden sich, so jener Textauszug aus der Offenbarung des Johannes (22,2):

Die Bibel

> *„Und auf beiden Seiten des Stromes stand ein Baum des Lebens, der trug zwölfmal Früchte und brachte seine Früchte alle Monate; und die Blätter des Baumes dienten zur Heilung der Völker."* (S. 214)

Dies sind nur wenige Beispiele aus einer Fülle von Fremdzitaten (siehe auch Kapitel 3.5 der Erläuterung). Die zahlreichen Literaturzitate verstärken die Wirkungsabsicht Bradburys und weisen den Autor gleichzeitig als großen **Kenner der europäischen Kultur- und Literaturgeschichte** aus. Für ihn ist die Literatur zugleich Schatz und Lebenselixier, die dem menschlichen Dasein Tiefe und Sinn gibt (vgl. Kapitel 3.7).

---

38 4. Akt, 3. Szene.

3.6   Stil und Sprache

Stilmittel

STILMITTEL	DEFINITION	TEXTBELEG
Alliteration	Wiederholung der Anfangslaute in benachbarten Wörtern	„Zanders Zahnpasta." (S. 108)
Ellipse	Ein Satz ist grammatikalisch nicht vollständig und somit verkürzt.	„Hausmeisterarbeit, im Grunde. Alles an den richtigen Ort. Rasch, das Kerosin!" (S. 57)
Enumeratio	Aufzählung	„Ein zwei drei vier fünf sechs sieben Tage." (S. 47)
Imperativ	Befehlsform	„‚Gib her, Guy', sagte Beatty mit starrem Lächeln." (S. 158)
Interjektion	Ausruf	„Mildred!" (S. 29)
Klimax	Stufenartige (dreigliedrige) Steigerung eines Begriffs	„Nun, warum kaufte er sich dann nicht einen Rundfunksender, um spät nachts mit seiner Frau zu sprechen, leise, laut, schreiend, gellend?" (S. 64)
Metapher	Mittel des uneigentlichen Sprechens, bildhafter Ausdruck ohne Vergleichspartikel.	„Zwei Mondsteine sahen [...] zu ihm empor, zwei blasse Mondsteine, in das klare Wasser eines Baches versenkt, über die das Leben der Welt hinweglief, ohne sie zu berühren." (S. 29)
Onomatopoesie	Lautmalerisches Wort, das so ähnlich klingt wie der nichtsprachliche Laut, wobei akustische Eindrücke durch Sprache rekonstruiert werden	„Paff, paff." (S. 78)
Oxymoron	Verbindung von einander ausschließenden Einzelgliedern zu einem paradoxen Ganzen	„In den Bäumen rauschte es gewaltig von dem trockenen Regen, den sie ausschütteten." (S. 20)

3.6 Stil und Sprache

STILMITTEL	DEFINITION	TEXTBELEG
Rhetorische Frage	Eine Frage, die keine Antwort erwartet	„Die Menschen wollen doch glücklich sein, nicht?" (S. 84)
Vergleich	Gedankenfigur durch Nebeneinanderstellung zweier Wortinhalte mit dem Vergleichswort „wie"	„Ihr Gesicht war wie eine verschneite Insel [...]." (S. 29)
Wiederholung	Wörter oder Wortpaare werden wiederholt, um die Eindringlichkeit zu steigern	„Onkel behauptet, Onkel behauptet." (S. 51)

3.7 Interpretationsansätze

ZUSAMMEN-FASSUNG

Zu Bradburys *Fahrenheit 451* bieten sich folgende thematische Interpretationsansätze an:
→ *Fahrenheit 451* als Porträt eines inhumanen Staates
→ *Fahrenheit 451* als Roman über Literatur

Porträt eines inhumanen Staates

Kulturverlust

Fahrenheit 451 ist das Porträt eines totalitären und inhumanen Staates[39]. Alles begann mit der Weigerung der Menschen zu lesen (S. 119). Schließlich verschwanden auf staatliches Betreiben die Geisteswissenschaften aus den Universitäten (S. 195 f.). Die Lehrpläne an den Schulen sind inzwischen entsprechend, wie Clarisse McClellan beklagt:

> „Man trichtert uns eine Menge ein, schüttet Wasser in den Trichter, unten läuft es wieder aus, und dann behauptet man noch, es sei Wein." (S. 49)

Das Fach Ethik[40] ist ausgestorben und einer seiner einst hoch angesehenen Vertreter wurde davongejagt und haust nun zusammen mit anderen hervorragenden Wissenschaftlern in den Wäldern (Professor West, vgl. S. 195). Geblieben sind TV-Unterhaltung auf niedrigem Niveau (S. 127 f.), dafür technisch ausfeilt, Dauerberieselung durch Ohrmuscheln und merkwürdige Freizeitbeschäftigungen wie das Zertrümmern von Autos in der „Autozertrümmerungs-

---

39   Dazu siehe auch Kapitel 3.6, Stil und Sprache, Motive: Suizid.
40   Lehre, die das sittliche Verhalten des Menschen zum Inhalt hat.

3.7 Interpretationsansätze

halle" oder das Einwerfen von Fensterscheiben in der „Scheiben-schmeißerbude" (S. 49). Damit einher geht eine Neudefinition von Glück: Nicht die Menschen sind glücklich, die sich bewusst mit der Welt auseinandersetzen, sondern die, die sich überdimensionale TV-Geräte leisten und mit ihren Autos rasen können („Glücklich sein ist alles. Jubel, Trubel, Heiterkeit.", S. 91). Ein oberflächliches Glück.

Die Folge ist eine unergründliche Wut der Bürger, und um diese abzubauen, eine **erschreckende Verrohung der Menschen**: Tiere werden aus Spaß getötet („Es macht Spaß draußen auf dem Land. Man überfährt Kaninchen, manchmal Hunde. Los, nimm den Wagen.", S. 91). Auch auf Menschen wird mit dem Auto Jagd gemacht: Guy Montag überlebt die Attacke nur mit Glück (S. 167 f.), im Gegensatz zu Clarisse McClellan, die bei einer solchen Aktion getötet wird (S. 70). Auch der Mechanische Hund wird von gelangweilten Feuerwehrmännern auf hilflose Geschöpfe angesetzt (S. 43). Dabei ist der Mechanische Hund ein augenfälliges Beispiel für die Gewalt auf staatlicher Ebene, denn er wird auch gnadenlos auf Menschen angesetzt, die nicht ins System passen. Ein weiteres Beispiel ist natürlich die Zerstörung der Häuser lesender Menschen – im schlimmsten Fall auch mit den Bewohnern (vgl. Verbrennen der alten Frau). *[Abstumpfen der Menschen]*

Der in Bradburys *Fahrenheit 451* porträtierte totalitäre Staat überwacht die Menschen, die dem Staat aufgrund ihres Verhaltens nicht passen, so beispielsweise Clarisse McClellan und ihre Familie: „Clarisse McClellan? Wir haben alle Unterlagen über die Familie. Stand unter scharfer Beobachtung." (S. 86) Nicht anders geht es dem Fußgänger, der an Montags Stelle getötet wird: *[Überwachung]*

„Irgendein armer Teufel macht gerade einen Spaziergang. Ein Einzelgänger, ein Sonderling. Glaub nur ja nicht, der Polizei seien

3.7 Interpretationsansätze

die Lebensgewohnheiten solcher Käuze unbekannt, die in der Früh rausgehen, weil es ihnen Spaß macht oder weil sie nicht schlafen können. Wie dem auch sei, der Betreffende steht seit Jahr und Tag unter polizeilicher Beobachtung. Man kann ja nie wissen, wann man solche Kenntnisse einmal brauchen kann." (S. 193 f.)

Individuelle Rechte lässt dieser Staat nicht zu.

Vereinzelung

Der beschriebene Staat fördert statt der Geselligkeit und der Kommunikation der Bürger die Vereinzelung des Menschen, ohne Möglichkeit zum Nachdenken. Sie wird neben dem bombastischen TV-Programm mit der Ersatz-„Familie" auch durch bauliche Maßnahmen gefördert, so durch den Verzicht auf eine Veranda:

„Es heißt, die Architekten seien davon abgekommen, weil die Veranda unschön wirkte. Aber mein Onkel meint, das sei nur ein Vorwand gewesen; in Wirklichkeit wollten sie nicht, dass die Leute einfach dasaßen und nichts taten, nur schaukelten und plauderten; diese Art von Geselligkeit missfiel ihnen. Die Leute redeten zu viel und sie hatten Zeit zum Nachdenken. So wurde die Veranda abgeschafft. Die Gärten übrigens auch. Es gibt nicht mehr viele Gärten, in denen man herumsitzen kann. Und dann die Möbel! Schaukelstühle gibt es nicht mehr. Die waren zu bequem. Die Leute sollen ausgehen und sich beschäftigen." (S. 89 f.)

Dystopie

Eine Folge all dessen ist, dass die Menschen in Bradburys dystopischen Roman (vgl. 5. Materialien, S. 111) ihren Gefühlen gegenüber hilflos sind. Miss Phelps weint beim Hören eines Liebesgedichts um ihren Mann und weiß es nicht (S. 136). Guy Montag weiß nicht, wie er seine Freundschaft zu Clarisse McClellan beschreiben soll, und sucht Hilfe bei dem Schriftsteller Boswell (S. 99). Selbstmorde

3.7   Interpretationsansätze

sind im Überwachungsstaat an der Tagesordnung. Die staatstreuen Menschen in Bradbury Roman sind nur noch Statisten mit unterdrückten Gefühlen (Masken), die funktionieren und konsumieren und sich nicht mehr um den Staat und seine Politik (Krieg) kümmern.

Fahrenheit 451 als Roman über Literatur

In *Fahrenheit 451* kombiniert Bradbury Bücher mit einer Tiermetaphorik:

> „Er selbst war umschwirrt wie von einem Schwarm von Leuchtkäfern. Ein alter Witz kam ihm in den Sinn, und er hätte am liebsten eine aufgespießte Wurst in die Feuersbrunst hineingehalten, während die Bücher mit dem Flügelschlag weißer Tauben vor dem Haus den Flammentod starben." (S. 17)

Bücher als Tauben

Auch bei der Schilderung der Vorgänge im Haus der alten Frau greift Bradbury zur **Tiermetaphorik**:

> „Bücher prallten ihm gegen Schultern, Arme, Gesicht. Eines davon landete, beinahe fügsam, in seiner Hand, wie eine Taube mit flatternden Flügeln." (S. 58)

Und:

> „Die Männer oben schleuderten Zeitschriften schaufelweise in die staubige Tiefe. Wie abgeschossene Vögel stürzten sie hinab, wo die Frau stand, klein und verloren, inmitten der Leichen." (S. 58)

Bradbury verknüpft in den genannten Beispielen Bücher mit Vögeln, insbesondere mit Tauben. In der Literatur sind Tauben Symbole „der

Humanität und Pazifismus

3.7 Interpretationsansätze

Liebe und Treue, des Friedens, der Unschuld, des Hl. Geistes und der göttl. Inspiration"[41]. Dies sind Werte im Sinne von Pazifismus, von **Humanität**. Dagegen vergleicht der belesene Hauptmann Beatty Bücher mit Waffen und Leser mit gefährlichen Scharfschützen:

Bücher als Waffen

> „Ein Buch im Haus nebenan ist wie eine scharf geladene Waffe. Man vernichte es. Man entlade die Waffe. Man reiße den Geist ab. Wer weiß, wen sich der Belesene als Zielscheibe aussuchen könnte! Mich vielleicht? Ich danke." (S. 84)

Beatty hat Angst vor Büchern und deren Lesern und mit Montag möchte man zu folgendem Schluss kommen:

> „Es muss etwas dran sein an den Büchern, etwas, von dem wir uns keine Vorstellung machen, wenn eine Frau sich deswegen verbrennen lässt; es muss etwas dran sein. Für nichts und wieder nichts tut man das nicht.'" (S. 74)

Dies führt zur Frage nach dem **Wesen der Literatur**. Eine erste Antwort auf diese Frage liefert Montag selbst:

> „Letzte Nacht dachte ich an all das Kerosin, das ich in den letzten zehn Jahren verbraucht habe. Und an die Bücher habe ich gedacht. Zum ersten Mal wurde mir klar, dass hinter jedem Buch ein Mensch steht. Jedes einzelne musste erst von einem Menschen erdacht werden. Jemand hat vielleicht lange gebraucht, bis er es zu Papier gebracht hat. Und nicht einmal dieser Gedanke war mir bisher gekommen." (S. 75)

---

41 Butzer, Günter; Jacob, Joachim: *Metzler-Lexikon literarischer Symbole*. S. 382.

3.7 Interpretationsansätze

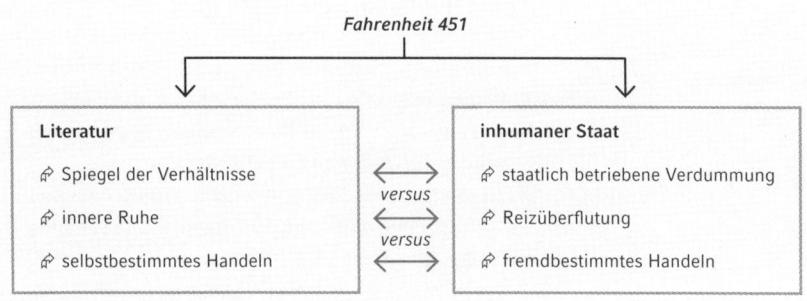

Hier spricht Montag über das Werden eines Buches. Der Anglist Professor Faber stellt die Zusammenhänge dar zwischen Literatur und Gesellschaft. Literatur steht für ihn für „drei Dinge, die uns abhanden gekommen sind" (S. 113):

→ „Qualität, gehaltvolle Aussagen'" (S. 114)

→ „Muße"; „Zeit, um nachzudenken" (S. 114)

→ „das Recht, nach dem zu handeln, was sich uns aus dem Zusammenwirken der ersten beiden Dinge erschließt" (S. 116)

Literatur „zeigt das Gesicht des Lebens mit all seinen Poren" (S. 114), sie ist also eine Art Spiegel. Sie fordert Muße, also freie Zeit und innere Ruhe, um etwas zu tun, was den eigenen Interessen entspricht. Qualität und Muße führen zur Reflexion und die Reflexion schließlich zu **reflektiertem Handeln**. Reflektiertes Handeln ist immer ein autonomes, also vom Individuum selbst entschiedenes Handeln. Damit stellt sich Literatur gegen Propaganda und Fremdbestimmung.

Literatur als Mittel gegen Fremdbestimmung

4. REZEPTIONSGESCHICHTE

→ Das Publikum nahm den Roman *Fahrenheit 451* zunächst
ablehnend auf, so wurde der Roman zensiert. Später zeig-
ten sich die Leser zunehmend aufgeschlossen.

→ In der Literaturwissenschaft wurden die gesellschaftspoli-
tischen und sozialen Aspekte in Zusammenhang vor allem
mit der Rolle des Mediums TV diskutiert.

→ *Fahrenheit 451* wurde zweimal verfilmt und für die Bühne
(Theater, Oper) adaptiert.

Der Roman in der Kritik

Der Roman wurde nach seiner Veröffentlichung im Jahr 1953 von
der Öffentlichkeit zunächst ablehnend aufgenommen. 1979 äußerte
sich Bradbury in seinem Nachwort zu *Fahrenheit 451* kritisch zu den
Änderungen an seinem Buch, das dem Zeitgeist angepasst wurde:

Objekt der Zensur

„Ironischerweise war ausgerechnet dieser Roman selbst der
Zensur ausgesetzt; eine Tatsache, die wegen ihrer vermeintli-
chen Absurdität ein großes öffentliches Interesse ausgelöst hat.
Zwar war der Anlass der Kritik keineswegs der Inhalt des Romans, sondern vielmehr die häufige Verwendung von Kraftaus-
drücken, wegen derer *Fahrenheit 451* in den 1990er Jahren teilweise zensiert oder vollständig von den Empfehlungen für Schul-
literatur entfernt wurde."[42]

---

42 Kohn, Martin: *Erläuterungen zu Ray Bradbury: Fahrenheit 451*. Königs Erläuterungen Band 450,
    Hollfeld: Bange, 2. Auflage 2006, S. 94.

In der Folge wurde *Fahrenheit 451* schnell international erfolgreich. Schriftstellerkollegen äußerten sich sehr wohlwollend über den Roman und seinen Autor, so die Briten Isherwood und Auden:

Wohlwollende Schriftstellerkollegen

> „Christopher Isherwood hat Bradbury eine ‚sehr große, außergewöhnliche Begabung' bescheinigt, W. H. Auden ihn sogar ‚einen großen Dichter' genannt."[43]

Der Roman in der deutschen Literaturwissenschaft

Hartmut Heuermann weist in seiner Analyse des Romans dessen Bezüge zur Politik der USA während der Zeit des Kalten Krieges nach. Außerdem stellt er Bradburys Kritik an einer von TV-Konsum und Reizüberflutung geprägten Gesellschaft heraus und zeigt auf der Grundlage des Romans, dass das Verschwinden der Literatur einen Kulturverlust bedeutet:

> „Durch Abschaffung der Literatur ist ein Rückgriff auf die sinnstiftenden Erfahrungen der Vergangenheit, ihre sozialen und moralischen Konsequenzen nicht mehr möglich. Die solchermaßen entwurzelte Gesellschaft lebt nur noch eindimensional in der Gegenwart. Ihre Lebensäußerungen sind lediglich Reflexe auf gegenwärtig Seiendes, erlauben keine Reflexion über historisch Gewordenes und zukünftig Werdendes."[44]

Kulturverlust

Den kulturkritischen Ansatz Bradburys greift Monika Mößlang auf. In ihrer 1971 erschienenen Dissertation *McCarthy und der McCarthyismus in der amerikanischen Literatur: Wesen und Bedeutung*

---

43 Baruch, Gertraud: *Ray Bradbury*. In: Jens, Walter (Hrsg.): Kindlers Neues Literatur Lexikon. München: Kindler, 1989.
44 Heuermann, S. 263–269.

1 SCHNELLÜBERSICHT   2 RAY BRADBURY:
LEBEN UND WERK   3 TEXTANALYSE UND
-INTERPRETATION

eines literarischen Protests untersucht sie die Beziehungen zwischen den geschichtlichen Ereignissen in den USA und *Fahrenheit 451* sowie Arthur Millers *The Crucible* (*Hexenjagd*). Besondere Beachtung findet dabei das Fernsehen:

Die Rolle des TV

„Bradbury hat nicht ohne Absicht die Funktion des Fernsehens so stark betont, eines Mediums also, bei dem der Zuschauer intimer Mitwisser und Beobachter sein kann, ohne dass er das Geschehen, das er miterlebt, bewusst in Beziehung zu seiner eigenen Person setzen muss. Ich glaube, dass Bradbury pointiert auf etwas weist, was alle diese parabelhaften Werke (d. h. Werke, die sich wie ‚Fahrenheit 451' oder Millers ‚The Crucible' verschlüsselt mit McCarthy auseinander setzen) auszusagen versuchen: Dass in der Zeit des McCarthyismus die Amerikaner, wenn sie … Fernsehübertragungen und Hearings verfolgten, in ihrer Unbeteiligtheit und ihrer mangelnden Bereitschaft, etwas von der Verantwortung für diese Zustände auf sich zu nehmen, den fiktiven Gemeinschaften in diesen Werken an Mitleidlosigkeit, Grausamkeit und Verantwortungslosigkeit um nichts nachstanden."[45]

Theater, Film und Hörbuch

Verfilmungen
1966 und 2017

1966 wurde *Fahrenheit 451* von dem renommierten französischen Regisseur François Truffaut verfilmt, mit Oskar Werner in der Rolle des Guy Montag und Julie Christie in der Rolle der Clarisse McClellan (siehe Abbildung). Durch die (nicht werkgetreue) Verfilmung bekam der Roman Kultstatus. 2017 erfolgte durch den amerikani-

---

45   Mößlang, Monika: *McCarthy und der McCarthyismus in der amerikanischen Literatur: Wesen und Bedeutung eines literarischen Protests*, zitiert nach Heuermann (1984), S. 264.

Oskar Werner als Guy Montag, Julie Christie als Clarisse/Linda Montag in der Verfilmung von 1966 © picture alliance/Everett Collection

schen US-Pay-TV-Sender HBO eine Neuverfilmung des Romans, die 2018 ausgestrahlt wurde.[46]

Theater, Oper, Hörbuch

Fahrenheit 451 wurde auch für das Theater adaptiert, Bradbury selbst schrieb eine Bühnenfassung. Im Jahr 2015 wurde das Stück beispielsweise durch den ungarischen Dramaturgen Viktor Bodó am Theater Heidelberg inszeniert, dessen Ensemble eine sehr beachtete Vorstellung gab. Auch als Hörbuch wurde der Roman veröffentlicht, 2014 in deutscher Übersetzung mit Rufus Beck als Vorleser. Selbst in die Welt der Oper hat *Fahrenheit 451* Einzug gehalten: So komponierte 1992 Brenton Broadstock auf der Basis des Romans einen Einakter, für den er auch das Libretto schrieb.

Fahrenheit 451 im 21. Jahrhundert

Moderner Klassiker

Auch im 21. Jahrhundert wird Bradburys *Fahrenheit 451* aus dem Jahr 1953 rezipiert: Als Hörbuch, auf der Theaterbühne, im Fernsehen (vgl. vorheriger Absatz). Aber nach wie vor auch in lesbarer Form als Buch, auch als Schullektüre. Diese Zeitlosigkeit dürfte zurückzuführen sein auf die Thematik der zunehmenden Technisierung der Gesellschaft mit einhergehendem Kulturverlust, den Bradbury so klug prophezeit hatte. Dies **macht den Roman zu einem modernen Klassiker.**

---

46 https://www.hbo.com/movies/fahrenheit-451

5. MATERIALIEN

Utopie und Dystopie

Die **Utopie**[47] beschreibt eine bessere Gesellschaft oder einen idealen Staat als Gegenentwurf zur bestehenden Realität.

Mutter aller utopischen Romane ist Thomas Morus' *Utopia*[48] von 1516, mit der die **literarische Gattung der Utopie** begründet wurde. Eine der ersten am Fortschrittsdenken ausgerichteten technisch-naturwissenschaftlichen Utopien ist *Nova Atlantis* von Francis Bacon, erschienen 1627. Eine wichtige neuere Utopie ist *Men like Gods* (1923) von H. G. Wells, die einen naiven Fortschrittsglauben repräsentiert.

Nach der verstörenden und desillusionierenden Erfahrung des 1. Weltkriegs wurden Utopien eher zurückhaltend produziert und rezipiert. Es etablierte sich die Gattung der **Anti-Utopie bzw. der Dystopie**, die fern von Fortschrittsgläubigkeit und unbedingtem Optimismus fatale Entwicklungen thematisiert. Zu den wichtigsten Autoren gehören

Entwicklung der Dystopie aus der Utopie

→ Jewgenji Samjatin mit seiner Dystopie *We* (1920)
→ Aldous Huxley mit *Brave New World* (1932, dt. *Schöne Neue Welt*)
→ Arthur Koestler mit seiner Anti-Utopie *Darkness at noon* (1940; dt. *Sonnenfinsternis*)
→ George Orwell mit *1984* (1949)
→ Margaret Atkinson mit *The Handmaid's Tale* (1985, dt. *Der Report der Magd*)[49]

Bekannte Dystopien

––––

47 Urbild der Utopie ist Platons Beschreibung seines Idealstaats in der *Politea*.
48 Im Roman wird von einem Seefahrer eine Welt, basierend auf Demokratie und Gleichheitsgrundsätzen, beschrieben.
49 Vgl. Verfilmung als US-Fernsehserie (2017).

Ein **populäres Beispiel** für diese literarische Gattung ist *The Hunger Games* (dt. *Die Tribute von Panem*) der Amerikanerin Suzanne Collins (erschienen 2008).

Charakteristika
Dystopien

Als **Eigenschaften der Dystopie** gelten:

→ Das Geschehen ereignet sich in **totalitären Systemen** bzw. in Systemen mit ausgeprägter sozialer Kontrolle.

→ **Ereignisse wie Kriege, Revolutionen, Überpopulation oder Naturkatastrophen** initiierten die Entstehung einer Gesellschaft.

→ In einer Dystopie gibt es einen **Protagonisten**, der die Gesellschaft hinterfragt.

→ Die Technik ist **fortgeschrittener und komplexer** als in der realen Gesellschaft. Sie wird von wenigen Menschen kontrolliert, die zur Elite des Staates gehören.

→ Es gibt eine **Gruppe von Menschen**, die sich der totalen Kontrolle des Staates entziehen kann.

→ Eine individuelle Auflehnung gegen das totalitäre Regime kann tragisch enden.

Science-Fiction-
Literatur

Anders als in der Literatur der **Science-Fiction** ist der dystopische Roman in einem real möglichen Platz der Zukunft (bei *Fahrenheit 451*: eine unbenannte Stadt) angesiedelt, was die **gesellschaftskritische Komponente** gegenüber der reinen Science-Fiction-Literatur noch verstärkt.

Der in *Fahrenheit 451* geschilderte **Staat ist totalitär**, er konditioniert die in ihm lebenden Menschen nach einem von einer Elite festgelegten Standard, dessen Einhaltung überwacht wird. Einzig einige Intellektuelle, darunter Granger und seine Gruppe, konnten sich seinem Zugriff entziehen.

Ein **Krieg** gegen einen äußeren Feind sichert das Zusammen-
gehörigkeitsgefühl der Bürger im Staat.

Der komplette Blutaustausch bei Mildred Montag steht für eine **fortgeschrittene Technik** (S. 31), aber auch der Mechanische
Hund, der auf Systemkritiker losgelassen wird, um sie zu töten.

Auch Guy Montags **Widerstand** gegen die Bücherverbrennungen ist ein dystopisches Element.

Zensur und Bücherverbrennung

Als Zensur bezeichnet man die staatliche und kirchliche Überwachung öffentlicher Meinungsäußerungen in Wort und Bild.

Historisch geht die Zensur auf das römische Amt des Censors
zurück, der das staatsbürgerliche und moralische Verhalten der
Bürger kontrollierte. Im Mittelalter übte die katholische Kirche eine systematische literarische Zensur aus: Alle verbotenen Schriften
wurden im *Index librorum prohibitorum*[50] erfasst und ihre Vernichtung konsequent betrieben. Die mittelalterliche Zensur nimmt Um-
berto Eco mit seinem im 14. Jahrhundert spielenden Roman *Il nome
della rosa* (1980; dt. *Der Name der Rose*) auf: Der Mönch und Biblio-
thekar Jorge von Burgos verbirgt in seinem Kloster ein Buch des
antiken Philosophen Aristoteles. Der Mönch will unbedingt verhindern, dass das Buch gefunden wird, und geht dafür über Leichen.
Als er scheitert, setzt er die Klosterbibliothek in Brand, er verbrennt
also die gesamten Bücher.

Zensur durch die katholische Kirche

Eine Bücherverbrennung ist die demonstrative Zerstörung von
Büchern oder anderen Schriften durch Feuer. Die meist öffentlich
durchgeführten Verbrennungen erfolgen wegen moralischer, poli-

*Bücherverbren-
nung als Mittel
der Zensur*

---

50 Verzeichnis verbotener Bücher.

tischer oder religiöser Einwände gegen den Inhalt der Schrift. Am bekanntesten sind die Bücherverbrennungen der römisch-katholischen Kirche, die ihren Höhepunkt in der Inquisition erreichten.

Zensur und repressiv-totalitäre Systeme bilden in der Regel eine Kombination, denn interessanterweise wurde die Zensur nach bürgerlichen Revolutionen abgeschafft, so nach der Französischen Revolution von 1789.

Typisch für den Zusammenhang zwischen repressivem System und Zensur waren die Verhältnisse im Deutschen Bund 1815 bis 1866, so wurde z. B. Heinrich Heine zensiert, der sein Versepos *Deutschland. Ein Wintermärchen* (1844) mehrfach umarbeiten musste, damit es veröffentlicht werden konnte. Erst nach der Revolution von 1848 wurde die Zensur etwas gelockert. In der Weimarer Republik (!) war die Zensur ebenfalls weniger strikt. Im Deutschland des Nationalsozialismus dagegen feierte sie ihr Comeback.

1933: Bücher-
verbrennung in
Deutschland

1933 wurden im Zuge einer „Aktion wider den undeutschen Geist" zehntausende Bücher von Autoren, die sich der nationalsozialistischen Ideologie verweigerten, in ritualisierten Demonstrationen öffentlich verbrannt.

Auch im Russland Stalins wurden Bücher verbrannt, so in Birobidschan, wo im Zuge der von Stalin initiierten antijüdischen Kampagne die Judaika-Sammlung[51] der örtlichen Bibliothek durch Feuer vernichtet wurde.[52] Bradbury verweist auf diese Ereignisse in Zusammenhang mit der Entstehungsgeschichte von *Fahrenheit 451*:

„Zum einen war da Hitler, der 1933 in Deutschland Bücher verbrennen ließ, zum anderen Gerüchte über Stalin, seine Streichholzmänner und Zunderbüchsen." (S. 221 f.)

---

51 Jüdische Schriften.
52 http://www.euchzumtrotz.de/front_content.php?idart=56

Joseph McCarthy
(links) und Roy
Cohn im Jahr
1954.
© picture alliance/
ASSOCIATED
PRESS

Selbst in den USA als Schutzmacht der Freiheit wurde Zensur aus-
geübt, so 1953. Joseph McCarthy erzwang im Zuge seiner Kommunistenverfolgung in den USA die Beschlagnahme und teilweise Verbrennung unerwünschter Literatur aus den Bibliotheken der United
States Information Agency, zu deren Aufgaben u. a. die Förderung
der Akzeptanz und Aufklärung über die US-Politik im Ausland ge-
hörten.[53] Bradbury beschreibt die Ereignisse wie folgt:

———

53 Dazu siehe Kapitel 2.2 Zeitgeschichtlicher Hintergrund, McCarthyismus.

Zensur durch
Joseph McCarthy
1953

„McCarthy hatte die Army so eingeschüchtert, dass in den Bibliotheken einige ‚schädliche' Bücher entfernt wurden. Präsident Eisenhower, ein vormaliger General und einer der wenigen Mutigen in jenem Jahr, ordnete an, die Bücher wieder in die Regale zu stellen." (S. 226)

Zensur 2017

Ein aktuelles Beispiel von Zensur konnte man im Jahr 2017 in den USA bestaunen: So belegte Präsident Donald Trump die US-Gesundheitsbehörde *Centers for Disease Control and Prevention* mit einem Verbot des Gebrauches bestimmter Worte. „Dazu gehören Formulierungen wie ‚wissenschaftlich begründet' und ‚Diversität'."[54]

Dover Beach von Matthew Arnold

Der englische Schriftsteller Matthew Arnold (1822–1888) schrieb 1851 dieses Gedicht, das Guy Montag in *Fahrenheit 451* seiner Frau Mildred und ihren Freundinnen vorliest (S. 134 f.). 1867 wurde es erstmals in Arnolds Lyrikband *New Poems* veröffentlicht:

Dover Beach

The sea is calm tonight.
The tide is full, the moon lies fair
Upon the straits; on the French coast the light
Gleams and is gone; the cliffs of England stand,
Glimmering and vast, out in the tranquil bay.
Come to the window, sweet is the night-air!
Only, from the long line of spray
Where the sea meets the moon-blanched land,
Listen! you hear the grating roar

---

54 https://www.welt.de/politik/ausland/article171649453/US-Regierung-untersagt-Gebrauch-bestimmter-Woerter.html Diversität = Vielfalt(!)

Of pebbles which the waves draw back, and fling,
At their return, up the high strand,
Begin, and cease, and then again begin,
With tremulous cadence slow, and bring
The eternal note of sadness in.

Sophocles long ago
Heard it on the Ægean, and it brought
Into his mind the turbid ebb and flow
Of human misery; we
Find also in the sound a thought,
Hearing it by this distant northern sea.

The Sea of Faith
Was once, too, at the full, and round earth's shore
Lay like the folds of a bright girdle furled.
But now I only hear
Its melancholy, long, withdrawing roar,
Retreating, to the breath
Of the night-wind, down the vast edges drear
And naked shingles of the world.

Ah, love, let us be true
To one another! for the world, which seems
To lie before us like a land of dreams,
So various, so beautiful, so new,
Hath really neither joy, nor love, nor light,
Nor certitude, nor peace, nor help for pain;
And we are here as on a darkling plain
Swept with confused alarms of struggle and flight
Where ignorant armies clash by night.

6. PRÜFUNGSAUFGABEN MIT MUSTERLÖSUNGEN

Die Zahl der Sternchen bezeichnet das Anforderungsniveau der jeweiligen Aufgabe.

Aufgabe 1: *

Zeigen Sie anhand geeigneter Textzitate die Etappen des Kulturverlusts in Bradburys fiktivem Staat.

Mögliche Lösung in knapper Fassung:

Verzicht auf Lesen

Die Entwicklung hin zum Kulturverlust wurde von den Bürgern selbst initiiert: „Die Leute haben von selbst aufgehört zu lesen." (S. 119)

    Die dieser Verweigerung folgende Entwicklung konnte geschehen durch eine Kombination von Bequemlichkeit und Vermassung, folgt man dem intelligenten Hauptmann Beatty, der ein hervorragender Chronist ist:

„Einst hatten die Bücher nur zu wenigen gesprochen, die da und dort überall verstreut waren. Sie konnten es sich leisten, voneinander abzuweichen. Die Welt war geräumig. Aber dann begann es in der Welt von Augen und Ellenbogen und Mäulern zu wimmeln. Die Bevölkerung verdoppelte sich, sie verdreifachte und vervierfachte sich. Film und Rundfunk, Zeitschriften und Bücher mussten sich nach dem niedrigsten gemeinsamen Nenner richten, wenn du verstehst, was ich meine." (S. 78)

Die Entwicklung zum Massengeschmack wurde im 20. Jahrhun-   Massenkultur
dert beschleunigt und auf Überwältigung ausgerichtet: „Dann im
zwanzigsten Jahrhundert wird die Zeit gerafft. Bücher werden gekürzt. Abriss, Überblick, Zusammenfassung, das Beste in Bildern.
Alles läuft auf das Überraschungsmoment, den Knalleffekt hinaus."
Etwas, das sogar Mildred Montag versteht: „,Knalleffekt.' Mildred
nickte." (S. 79)

   Dabei wird auch vor Klassikern nicht haltgemacht: Klassiker

„Klassiker werden zu viertelstündigen Hörspielen zusammengestri-
chen, dann noch mal gekürzt, um in einem Buch eine Spalte von
zwei Minuten Lesedauer zu füllen, und enden schließlich als Inhaltsangabe von zehn oder zwölf Zeilen in einem Lexikon." (S. 79)

Nicht anders als den Klassikern ergeht es politischen Publikationen:

„Politik? Eine Spalte, zwei Sätze, eine Schlagzeile! Und dann mitten-
drin, ist plötzlich nichts mehr da. Wirble den Geist des Menschen
herum im Betrieb der Verleger, Zwischenhändler, Ansager, dass
das Teufelsrad alles überflüssige, zeitvergeudende Denken weg-
schleudert!" (S. 80)

Auch die Bibel ist von den Veränderungen betroffen, so ist Jesus   Werbeträger
im Roman ein Werbeträger im TV: Jesus Christus

„Faber blätterte um und las da und dort eine Stelle. ,Es ist so gut,
wie ich es in Erinnerung hatte. Du meine Güte, was hat man im
Fernsehen daraus gemacht! Christus gehört heute zur ,Familie'.
Ich frage mich oft, ob Gott seinen eigenen Sohn wiedererkennt in
der heutigen Verkleidung. Er ist jetzt ein richtiger Zuckerbursche,
lauter Süßholz und Sacharin, wenn er nicht gerade verschleierte

Andeutungen macht auf gewisse Marken, die jeder Gläubige zu seinem Seelenheil unbedingt braucht.'" (S. 111 f.)

Was bleibt, ist primitive Unterhaltung:

Comics und
Pornographie

„Die Zeitschriften brachten allerliebsten süßen Kitsch. Bücher, sagten die dünkelhaften Kritiker, seien Spülwasser; kein Wunder, dass sie keinen Absatz mehr fänden. Nur die Comics ließ eine Leserschaft, die auf ihrem Geschmack bestand, gnädig am Leben. Und die dreidimensionalen Sexmagazine, versteht sich. Da hast du's, Montag. Es kam nicht von oben, von der Regierung. Es fing nicht mit Verordnungen und Zensur an, nein! Technik, Massenkultur und Minderheitendruck brachten es gottlob ganz von allein fertig. Dem verdanken wir es, wenn unser Dauerglück heute ungetrübt bleibt, wenn wir Comics lesen dürfen, Lebensbeichten oder Fachzeitschriften." (S. 83)

Dem Staat kommt
es entgegen

Der Staat setzt dieser Entwicklung nichts entgegen, wie Professor Faber ausführt:

„Und dann merkte die Regierung, wie vorteilhaft es ist, wenn die Leute nichts anderes lesen als *Leidenschaftliche Lippen* und die *Faust in der Fresse*, und tat ein Übriges, indem sie die Feuerwehr umformte." (S. 121)

Entsprechend sind die Lehrpläne im totalitären Staat gestaltet, die Clarisse McClellan so kritisiert („Man trichtert uns eine Menge ein, schüttet Wasser in Trichter, unten läuft es wieder aus, und dann behauptet man noch, es sei Wein.", S. 49). Überdimensionale Sportveranstaltungen haben die Rolle von Kulturveranstaltungen eingenommen (S. 82).

Die Folgen sind verheerend. Das Zeitungssterben lässt die Bürger kalt („Niemand trauerte ihnen nach, niemand vermisste sie.", S. 121). Lehrstühle werden einfach aufgelöst, teilweise zugunsten von Naturwissenschaften:

Verschwinden der Geisteswissenschaften

„Montag nickte, und Granger fuhr fort: ‚Ich glaube, ich stelle dir jetzt am besten die anderen vor. Dies hier ist Fred Clement, früher Inhaber des Thomas-Hardy-Lehrstuhls an der Harvard-Universität, bevor ein Forschungsinstitut für Atomenergie daraus wurde." (S. 195)

„Intellektuell" ist zum Schimpfwort verkommen (S. 83), Geistes- und Sozialwissenschaftler fristen ihr Dasein obdachlos in den Wäldern.

Aufgabe 2: **

Zeigen Sie die Rolle des TV in *Fahrenheit 451*. Belegen Sie Ihre Ausführungen mit geeigneten Textzitaten.

Mögliche Lösung in knapper Fassung:

„Wie wird man bloß so hohl?, fragte er sich." (S. 66) Der Fragende ist Guy Montag und er fragt sich das angesichts seines Lebens und dem seiner Frau Mildred. Durch das TV, möchte man ihm antworten, denn dieses Medium hat einen großen Anteil an dieser desaströsen Entwicklung.

In seinem Nachwort zu *Fahrenheit 451* äußerte sich Autor Bradbury über die Wirkung des Fernsehens: „Wenn sich die Welt mit Breitwand-Basketball und Football in MTV ertränkt, braucht es keine Beattys mehr, die Kerosin anzünden oder Leser jagen." (S. 227) Und:

„Doch in der Mitte des Romans spricht der Hauptmann es aus, er prophezeit den einminütigen TV-Werbespot mit drei Bildern pro Sekunde und die pausenlose Bombardierung. Hören Sie auf ihn, machen Sie sich klar, was er da sagt, und dann setzen Sie sich zu Ihrem Kind, schlagen Sie ein Buch auf, und beginnen Sie zu lesen." (S. 227)

Bombastisch und hohl

Entsprechende, das TV entlarvende Szenarien entwirft Bradbury in *Fahrenheit 451*. Das Fernsehprogramm ist eine Mischung aus Bombastik und Hohlheit:

„Ein Donnergetöse entlud sich von den Wänden. Musik drang mit solcher Lautstärke auf ihn ein, dass es ihm fast die Knochen ausrenkte; er spürte seinen Unterkiefer wackeln und die Augen im Kopf. Die reinste Gehirnerschütterung. Als alles vorbei war, kam es ihm vor, als habe man ihn von einer hohen Klippe hinuntergestoßen, als sei er durch eine Zentrifuge gejagt und in einen Wasserfall hinausgeschleudert worden, um in eine Leere hinabzustürzen, und nie – ganz – auf Grund – zu stoßen – nie – nie – ganz – nein, nicht ganz – auf Grund - zu stoßen … und man stürzte so rasend, dass man auch an den Seiten nicht anstieß – nie – ganz – auf irgendetwas – stieß." (S. 67)

Ist es einmal nicht bombastisch, kommt es psychedelisch daher, so auf den Fernsehwänden Mildreds: „Die Wohnzimmerwände hinter ihr waren mit grünem und gelbem Feuerwerk übersprüht, das zischte und knallte, begleitet von einer Musik, die fast ausschließlich aus Pauken, Tamtams und anderem Schlagzeug bestand." (S. 84) Im öffentlichen Raum ist es nicht anders, wie Clarisse McClellan beklagt (S. 50). Was diese Reizüberflutung auf Dauer mit den Menschen macht, lässt sich exemplarisch an Mildred Montag darstellen.

Reizüberflutung

Ihr Alltagsleben wird dominiert von überdimensionalen Fernsehge-
räten, die drei Wände des Hauses einnehmen. Wände sind statische
Elemente eines Hauses und so kann man eine Metapher konstru-
ieren dahingehend, dass das TV die Gesellschaft aufrechterhält.
Mildred konsumiert verdummende und menschenverachtende Pro-
gramme (S. 127 f.). Dies fällt ihr gar nicht auf – was vom System
auch so beabsichtigt ist. Der Mensch soll nicht denken, er soll sich
nur mit dem TV befassen. Dazu ist das Fernsehprogramm interak-
tiv, d.h. dass der Konsument selbst kleine Rollen übernehmen kann
(S. 37). Dann gibt es noch die scheinbar persönliche Ansprache der
Ansager:

„Montag wandte sich um und schaute seine Frau an, die mitten im
Wohnzimmer saß und mit einem Ansager sprach, der auch mit ihr
sprach. ‚Mrs. Montag', sagte er eben. Dies und das und noch etwas.
‚Mrs. Montag –' Und er sagte noch etwas anderes. Ein Zusatzgerät,
das sie hundert Dollar gekostet hatte, blendete jedes Mal einfach ihren Namen ein, wenn der Ansager zu seinem namenlosen Publikum
sprach, wobei er die Stelle ausließ, wo die entsprechenden Silben
eingesetzt werden konnten. Eine besondere Vorrichtung bewirkte
zudem, dass das Bild des Ansagers auf der Fernsehwand die richtigen Mundbewegungen machte. Er war ein Freund, kein Zweifel,
ein guter Freund." (S. 90)[55]

Es wird Zuwendung simuliert auf Kosten von wirklicher menschli-
cher Nähe.
   Die Folge davon ist, dass Mildred eine persönliche Bindung zu
dem TV-Programm aufbaut, so bezeichnet sie die Menschen im TV

---

55 Beachten Sie den offensichtlichen Zusammenhang zwischen Technik und Konsumzwang.

als ihre „Familie" (S. 71). Geht es aber um wirkliche Menschen, verhält sich Mildred zutiefst asozial (S. 71).

Propagandamittel

Für den Staat ist das TV ein Propagandamittel. Dies zeigt sich bei der Live-Übertragung von der Jagd auf Montag und der Inszenierung seines angeblichen Todes (S. 193 f.). Der Bürger, abgestumpft und auf Konsum abgerichtet, hinterfragt die Bilder nicht, er hält das Gezeigte für die Wahrheit. Ihm macht es auch nichts aus, den Tod eines Menschen live auf dem Bildschirm zu sehen.

Der intellektuelle Faber fasst die Wirkung des Fernsehens auf die Gesellschaft prägnant zusammen:

„Das Fernsehen ist ‚Wirklichkeit', es drängt sich auf, es hat Dimensionen. Es bleut einem ein, was man zu denken hat. Es muss ja recht haben; denn es scheint richtig zu sein. Es reißt einen so unaufhaltsam mit, wohin immer es will, dass man gar nicht dazu kommt, gegen den traurigen Unsinn aufzubegehren." (S. 115)

Das TV treibt der Gesellschaft jegliche Humanität aus. Übrig bleiben hohle, vom Staat manipulierte Menschen. Damit das so bleibt, ist Literatur in diesem Staat verboten.

Aufgabe 3: ***

Zeigen Sie anhand geeigneter Textverweise, dass der Staat in *Fahrenheit 451* totalitär ist.

Mögliche Lösung in knapper Fassung:

Der Totalitarismus ist ein politisches System, das den Staat absolut setzt. Dafür finden sich in *Fahrenheit 451* einige Beispiele. Da ist zum einen die Bemerkung Hauptmann Beattys über Menschen, die Bücher verstecken:

„Montag besah sich die Karten in seiner Hand. ‚Ich – ich war in
Gedanken bei dem Feuer von voriger Woche. Ich dachte an den
Mann, dessen Bibliothek wir erledigten. Was geschah mit ihm?'
‚Er wurde schreiend in eine Irrenanstalt eingeliefert.' ‚Er war doch
nicht geistesgestört.' Beatty ordnete gelassen seine Karten. ‚Jeder
ist geistesgestört, der meint, er könne die Regierung und uns hintergehen.'" (S. 54)

Ein weiteres sehr eindrückliches Beispiel für den Absolutheitsan-
spruch des Staates ist dessen Reaktion auf Montags private Revolution. Durch die Polizei lässt er seine willfährigen Bürger auf Montag
ansetzen:

Staatlicher Abso-
lutheitsanspruch

„Polizeimeldung. Die gesamte Bevölkerung im Gebiet der Elm-
straße möge sich folgendermaßen verhalten: Jedermann in jedem
Haus in jeder Straße öffnet eine Haus- oder Hintertür oder schaut
zum Fenster hinaus. Der Flüchtige kann nicht entkommen, wenn
jeder in der nächsten Minute Ausschau hält. Bereit!'" (S. 181)

Außerdem wird modernste Technik eingesetzt, um Montag habhaft
zu werden bzw. zu erledigen, so einen besonderen Mechanischen
Hund:

„… so empfindliche Nase, dass der Mechanische Hund zehntausend
Geruchskomplexe von zehntausend Personen im Gedächtnis behalten und unterscheiden kann, ohne dass er neu eingestellt werden
muss!" (S. 175)

Dabei ist dies nicht nur eine Suche nach einem Oppositionellen, sondern auch eine Inszenierung des Staates seiner selbst, wie Montag von Granger erklärt bekommt:

„Granger nickte. ‚Die tun bloß so. Du hast sie am Fluss abgeschüttelt, aber das dürfen sie nicht zugeben. Sie wissen genau, dass sie die Zuschauer nicht beliebig lang bei der Stange halten können. Das Schauspiel muss einen knalligen Schluss haben, und zwar bald. Wenn sie den ganzen Fluss absuchen, dauert das vielleicht die ganze Nacht. Deswegen suchen sie einen Sündenbock, um die Sache mit einem Knall abzuschließen. Pass auf, in den nächsten fünf Minuten kriegen sie Montag!'" (S. 193)

Propagandistische Gleichschaltung

Menschen in einem totalitären System sind einer propagandistischen Gleichschaltung mit einem damit verbundenen ausgeprägten Anpassungsdruck unterworfen. Individuelle Rechte werden negiert und Verstöße gegen die Regeln des Systems rücksichtslos verfolgt und sanktioniert. In *Fahrenheit 451* trifft dies z. B. den Onkel von Clarisse McClellan, der, weil er sich dem Zwang der Schnelligkeit entziehend mit sechzig Stundenkilometern über die Autobahn fuhr, festgenommen und zwei Tage in Haft genommen wurde (S. 23 f.). Ein weiteres schlimmeres Beispiel gibt der harmlosen Spaziergänger, der einfach nur seines Weges gehen will und den Sündenbock für Montag geben muss und getötet wird (S. 194).

Überwachung

Auf die systemtypische Überwachung der Bürger durch den totalitären Staat verweist Bradbury gleich mehrfach. Da wird die Überwachung von Clarisse McClellan und ihrer Familie beschrieben (S. 86), die Überwachung des Spaziergängers, der dem Mechanischen Hund zum Fraß vorgeworfen wird („Glaub nur ja nicht, der Polizei seien die Lebensgewohnheiten solcher Käuze unbekannt, die in der Früh rausgehen, weil es ihnen Spaß macht oder weil sie nicht schlafen können.", S. 193), und die Überwachung Guy Montags durch Hauptmann Beatty (S. 156). Zu diesem Zweck existieren Karteien, nichts wird dem Zufall überlassen: „Montag ging zum Schlafzimmerschrank und suchte in seiner Kartei nach der Überschrift: KÜNFTIGE UNTERSUCHUNGEN. Fabers Name stand hier. Er hatte ihn nicht angezeigt und auch nicht gestrichen." (S. 104)

Die Indoktrinierung[56] der Bürger durch einen totalitären Staat erfolgt schon im Kindesalter. Zu diesem Zweck werden die Kinder ihren Eltern frühzeitig entzogen, wie Hauptmann Beatty erzählt:

Indoktrinierung

„Clarisse McClellan? Wir haben alle Unterlagen über die Familie. Stand unter scharfer Beobachtung. Es ist etwas Sonderbares mit Vererbung und Umwelt. Wir können all die Eigenbrötler nicht in ein paar Jahren ausschalten. Die häusliche Umwelt macht oft vieles wieder zunichte, was in der Schule eingetrichtert wird. Deshalb haben wir das kindergartenpflichtige Alter von Jahr zu Jahr herabgesetzt, bis wir die Kinder jetzt fast aus der Wiege an uns reißen." (S. 86)

Indoktrinierung und propagandistische Gleichschaltung bringen solche Kreaturen wie Mrs. Phelps hervor, die die Wahrheit des Staates tatsächlich als solche anerkennt und sie unreflektiert nachplappert:

„Peter ist gestern einberufen worden. Wird nächste Woche wieder zurück sein, hat das Oberkommando versichert. Blitzkrieg. Achtundvierzig Stunden, hieß es, und jeder ist wieder zu Hause. Das Oberkommando muss es ja wissen. Blitzkrieg. Peter ist gestern ein-

---

56 Beeinflussen, in ein bestimmtes Denken drängen.

berufen worden, und es hieß, er werde in einer Woche wieder hier sein. Blitz …'" (S. 128)

Bücherverbren-
nung

Die Vernichtung von Büchern ist ebenfalls typisch für totalitäre Regime.[57] Die Begründung dafür liefert der kluge Hauptmann Beatty:

„Will man verhindern, dass es politisch Unzufriedene gibt, sorge man dafür, dass der Mensch nicht beide Seiten einer Frage kennenlernt, nur die eine. Oder noch besser gar keine.'" (S. 86)

---

57 Dazu siehe Kapitel 5, Materialien, Zensur und Bücherverbrennung.

LITERATUR

Zitierte Ausgabe:

Bradbury, Ray: *Fahrenheit 451*. Stuttgart: Diogenes, vollständig
    überarbeitete Neuausgabe 2008.

Biografisches und Werkgeschichtliches:

http://www.raybradbury.com (abgerufen am 24.2.2018) → sehr
    umfangreiche Linksammlung

http://www.rich227.org/RayBradbury.aspx (abgerufen am
    4.3.2018) → ebenfalls sehr umfangreiche Linksammlung

Ray Bradbury ist tot. In: *RP Online*, 6.6.2012. https://rp-online.de/
    kultur/film/ray-bradbury-ist-tot_aid-14268911 (abgerufen am
    20.6.2018)

Bradbury, Ray: *A Pleasure to Burn: Fahrenheit 451 Stories*. Burton
    (Michigan): Subterranean Press, 2010

Zu *Fahrenheit 451*:

Baruch, Gertraud: *Ray Bradbury*. In: Jens, Walter (Hrsg.): Kindlers
    Neues Literatur Lexikon. München: Kindler, 1989.

Heuermann, Hartmut: *Ray Bradbury: Fahrenheit 451*. In: Heuer-
    mann, Hartmut und Lange, Bernd-Peter (Hrsg.): Die Utopie
    in der angloamerikanischen Literatur. Interpretationen.
    Düsseldorf: Bagel, 1984. → ausführliche Erläuterungen und
    Interpretationen bedeutender utopischer Werke

Heyer, Andreas: *Sozialutopien der Neuzeit. Bibliographisches
    Handbuch (Band 2)*. Berlin: LIT Verlag, 2009, S. 344–347.

Kohn, Martin: *Erläuterungen zu Ray Bradbury: Fahrenheit 451*.
    Königs Erläuterungen Band 450, Hollfeld: Bange, 2. Auflage
    2006, S. 76. → Vorläufer dieses Bandes

Mößlang, Monika: *McCarthy und der McCarthyismus in der amerikanischen Literatur: Wesen und Bedeutung eines literarischen Protests*. Dissertation. München, Ludwig-Maximilians-Universität 1971.

Palmer, Brian: *Does Paper Really Burn at 451 Degrees Fahrenheit?* http://www.slate.com/articles/health_and_science/explainer/2012/06/ray_bradbury_death_does_paper_really_burn_at_451_degrees_fahrenheit_.html (abgerufen am 30.12.2017)
→ interessante Abhandlung über die Entflammbarkeit von Papier, in der mit dem Gerücht aufgeräumt wird, dass Bradbury die Einheiten Celsius und Fahrenheit verwechselt haben soll

Seeßlen, Georg: *Ray Bradbury, Tim Hamilton: Fahrenheit 451.* In: konkret 6-2010. http://www.getidan.de/kritik/georg_seesslen/10799/fahrenheit-451-ray-bradbury-tim-hamilton (abgerufen am 21.6.2018)

Neuverfilmung 2017/HBO: https://www.hbo.com/movies/fahrenheit-451

Geschichte/Politik/Philosophie/Literatur:

Butzer, Günter; Jacob, Joachim: *Metzler-Lexikon literarischer Symbole*. Stuttgart: J.B. Metzler'sche Verlagsbuchhandlung, 2008.

Kleff, Michael: *Geschichte aktuell: Das Ende der Hexenjagd.* http://www.deutschlandfunk.de/geschichte-aktuell-das-ende-der-hexenjagd.724.de.html?dram:article_id=97809 (abgerufen am 30.12.2017) → Überblick über die McCarthy-Ära

Korea-Konflikt 2018: *„Frühling des Friedens" auf der koreanischen Halbinsel?* Bundeszentrale für politische Bildung, 18.4.2018. http://www.bpb.de/politik/hintergrund-aktuell/267761/fruehling-des-friedens-auf-der-koreanischen-halbinsel (abgerufen am 20.6.2018)

Online-Lexikon Literaturwissenschaft: http://www.fernuni-hagen.de/EUROL/termini/welcome.html
(abgerufen am 14.3.2015) → informatives literaturwissenschaftliches Online-Lexikon

Truman-Doktrin: http://www.geschichte-abitur.de/lexikon/uebersicht-kalter-krieg/truman-doktrin (abgerufen am 20.6.2018) → Übersicht Truman-Doktrin/Kalter Krieg

US-Regierung untersagt Gebrauch bestimmter Wörter. In: *Die Welt*, 16.12.2017. https://www.welt.de/politik/ausland/article171649453/US-Regierung-untersagt-Gebrauch-bestimmter-Woerter.html
(abgerufen am 19.12.2017)

http://deacademic.com/dic.nsf/dewiki/220955
(abgerufen am 23.06.2018) → ausführliche Informationen über Bücherverbrennungen

Verfilmungen:

Fahrenheit 451. **Großbritannien 1966**
Regie: François Truffaut. Oskar Werner als Guy Montag, Julie Christie als Clarisse McClellan/Linda Montag.

Fahrenheit 451. **USA 2018**
Regie: Ramin Bahrani. Michael B. Jordan als Guy Montag, Sofia Boutella als Clarisse McClellan.

STICHWORTVERZEICHNIS

Arnold, Matthew 96, 116

Atkinson, Margaret 111

Chronologie 7

Cohn, Roy 19, 115

Doverstrand/Dover Beach 96, 116

Dystopie 6, 7, 21, 22, 75, 83, 102, 111, 112

Eisenhower, Dwight D. 18, 116

Erzählverhalten 8, 84, 88–90

Figurensprache 8, 84, 87

Huxley, Aldous 22, 111

Inhumanität 94, 100

Intertextualität 96, 97

Kalter Krieg 13, 14, 22, 107, 131

Kennedy, Robert 18

Korea-Krieg 6, 13, 14, 18

McCarthy, Joseph Raymond 17–20, 107, 108, 115, 116, 130

McCarthyismus 6, 13, 17, 107, 108, 130

Miller, Arthur 20, 108

NATO 14

Orwell, George 22, 111

Ost-West-Konflikt 6, 13, 17

Salem 6, 20, 25, 27

Samjatin, Jewgeni 22, 111

Science-Fiction 9, 11, 12, 21, 22, 112

Shakespeare, William 79, 81, 97

Spannungsbogen 53, 54

Stalin, Joseph 14, 27, 114

The Fireman 6, 25–27

The Martian Chronicles 10, 21, 22

Totalitarismus/totalitär 7, 22, 29, 101, 112, 114, 124, 126–128

Truffaut, François 11, 78, 108

Truman, Harry S. 13, 16, 17

Truman-Doktrin 13, 131

Trump, Donald 116

Utopie 111, 129

Weltkrieg, Erster 111

Weltkrieg, Zweiter 13, 15

Zensur 22, 26, 106, 113–116, 120